旅游教育教学丛书/冒超球主编；董家彪副主编

酒店客房服务

朱小彤　主　编
徐　明　副主编

中山大学出版社
·广州·

图书在版编目（CIP）数据

酒店客房服务/朱小彤主编；徐明副主编．—广州：中山大学出版社，2010.9
（旅游教育教学丛书/冒超球主编；董家彪副主编）
ISBN 978-7-306-03741-1

Ⅰ．酒…　Ⅱ．朱…　Ⅲ．饭店-商业服务-教材　Ⅳ．F719.2

中国版本图书馆CIP数据核字（2010）第174870号

出 版 人：祁　军
策　　划：尚雅工作室
责任编辑：邓启铜
责任校对：熊　蓉
责任技编：黄少伟
出版发行：中山大学出版社
电　　话：编辑部（020）84111996，84111997，84113349，84110776
　　　　　发行部（020）84110283，84111981，84111160
地　　址：广州市新港西路135号
邮　　编：510275　传真：（020）84115892
网　　址：http://www.zsup.com.cn　E-mail:zdcbs@mail.sysu.edu.cn
印　　刷：广东省茂名广发印刷有限公司
规　　格：787mm×1092mm　1/16
印　　张：11.125
字　　数：200千字
版次印次：2010年9月第1版　2010年9月第1次印刷
定　　价：20.00元

《旅游教育教学丛书》编委名单

总　序

在现代教育中，教材是教育思想的载体，是教学活动的基本依据，也是深化教育教学改革、全面推进素质教育和培养创新型人才的基本内容保证。

教育的理想是使人得到全面、自由的发展。人是教育的对象，教育的本质是实现人的价值的最大化。教育的基本功能是开发人的心智、促进人的身心发展。因此，任何教材都会在受教育者心灵和智慧成长过程中留下深深的痕迹。教材之重要性，不言而喻。

教育伴随着人的一生，而一个人接受终身教育成就的大小，往往取决于中学阶段前后教育的基础是否打牢。作为高中阶段的中等职业教育，应把社会文化效应放在第一位，以培养学生良好的可持续发展的综合素质为基础，让每一个学生，在成为合格的劳动者的同时，也得到自由的、全面的发展，这样才能真正体现职业教育的长远目标。目前那种打着“学一技之长”的旗号而忽视学生作为可持续发展的人所必需的基础教育的急功近利的现象应当坚决摒弃，真正的教育是通过德育培养人高贵的灵魂，通过智育培养人独立思考的头脑、获得知识的能力，通过美育培养人丰富的精神世界。一言以蔽之，职业教育，首先是人的终生发展问题，然后才是具体的岗位技能教育。

2004 年中山大学出版社组织编写并出版了一批旅游职业教育教材。这些教材对深化中等职业教育教学改革、提高教学质量起到了重要作用。但是也必须看到，任何教材都必须紧跟行业发展之步伐，及时总结客观实践之规律，如此，方可永葆活力。尤其近年来，迅猛发展的旅游业给旅游职业教育带来了巨大挑战和机遇，随着发展旅游业进入国家战略，发展旅游职业教育必然要进入国家战略的思考，如何将旅游职业教育做强做大，更好地为旅游产业发展服务，为新形势下的旅游业发展培养所需各类人才，是每一个旅游教育工作者所要思考的问题，而出版与时俱进的教材则是我们所做出的重要举措之一。

在这个背景下，中山大学出版社又组织编写了这套《旅游教育教学丛书》，该丛书是在国家教育部颁布的教学大纲指导下，根据国内外旅游业的最新实际需要而编写的，体现了编者对旅游业和旅游教育的深入思考和认识，具有实用性、时代性和终身教育性等特点，适用各类旅游中职学校作为教材，也部分适用于高职院校旅游专业教材。

随着旅游业上升为国家战略性支柱产业，旅游职业教育将承担起培养更多具有国际化视野、专业技能娴熟和服务意识良好的高素质旅游人才的重任。因此，加强教材建设，不断编辑和出版适合现代旅游业发展需要的，既有地方特色又能与国际市场接轨，既贴近市场又具有前瞻性的旅游教育教学系列丛书，并以此推动旅游教育的改革，培养出更多具有良好素质的旅游人才，乃是旅游教育工作者义不容辞的职责。

是为序。

2010 年 8 月 19 日于广东省旅游学校

前　言

虽然全球性的金融海啸也影响到了中国，但中国旅游业的发展仍令人瞩目。作为旅游业的支柱产业之一，酒店业仍在蓬勃发展，酒店的用人需求仍旧旺盛，但严格来讲，酒店不缺人，缺的是具备良好的服务意识和娴熟的服务技能的服务人才。作为酒店长久以来变更速度较缓的客房部，近年的革新、变化还是很大的。因此，新的客房专业教材既要反映这种革新、变化，又要为培养出适合酒店需要的人才服务。

本书的主要内容是客房部各项服务工作，以客人在住宿期间所能享受到的服务为主线，归纳了对客服务、清洁整理服务两大主要服务项目，并简单地将客房部提供的其他服务做了介绍。本书在编写过程中，坚持理论联系实际，有几个比较鲜明的特点：首先，优化了课程内容，主打客房“服务”的内容，以培养一线服务员，即学即用即上岗所需的知识和技能为主；其次，注重对目标读者的服务意识的培养，贴近目标读者的心理，能较有效地引导读者的就业观；再次，更新增补了资料；最后，贴近教学的编排，与教学课时相匹配。本书主要作为旅游中职学校的专业教材，也可作为酒店服务员的岗位培训用书和自学用书。

本书由朱小彤担任主编，徐明担任副主编。书中参考了大量文献、资料，在此对原文作者表示衷心感谢。由于编者才疏学浅，时间紧凑，书中难免有疏漏之处，敬请读者批评指正！

编　者

2010 年 8 月

目　录

第一章　客房部概述

【导　语】

客房部是酒店的一级部门，是酒店最主要的组成部分。本章节内容是向读者介绍客房部，讲解客房部的组织结构和业务分工及主要职责，客房部的业务特点，客房服务的流程以及客房部员工的从业要求及其职业生涯愿景。

第一节 客房部概况

客房部（Housekeeping Department，简写为 HSKP DEPT）是酒店中负责生产客房商品的部门，它通过清洁整理、添补用品、维护设施设备，使客房始终处于可供出租状态，即周而复始地为酒店“生产”合格的产品供酒店销售。在酒店部门的实际设置中，客房部这一部门另有管家部、房务部、房口部等几种不同称谓。客房部的几种称谓有相同之处，但有时也存在差别。一般而言，内地的酒店使用“客房部”或“房务部”的说法较常见，外资酒店习惯使用“管家部”这一名称，而“房口部”通常是由客房部与前厅部合并而成。

一、客房部的业务范围

（一）生产客房商品

客房是酒店的主要商品之一，酒店通过出租这一商品的使用权（通常以间·晚为基本单位）来获得收入，而要出租这种使用权，前提是客房必须保持在干净、整洁的可供出租的状态。客房部的首要功能就是对客房生产资料进行加工，生产出合格的客房商品。客房商品生产和一般商品生产不同，它不是根据图纸和工艺流程来加工没有思想感情的生产资料，而是根据宾客活动规律和宾客的需要和心理特点来组织员工劳动，提供优质服务，用特殊的方式完成客房这种特殊产品的生产。

（二）配合销售部门做好客房产品销售工作

与酒店的餐厅、康乐等部门不同，客房部不是直接赢利部门，它是生产部门，负责的是商品的供给。客房产品的销售则是由酒店的销售部和前厅部完成的。马克思说过，从商品到货币，这是一个惊险的飞跃。客房商品生产出来后，能不能顺利转变成货币，并不是理所当然、天经地义的，是个“惊险的飞跃”。因此，作为生产部门的客房部与作为销售部门的前厅部、销售部要密切合作，不断通过出租利用客房的使用价值，加快其周转，完成商品交换才能产生良好的社会效益和经济效益。

客房销售过程中不是大批商品的转移，而是同一件商品的反复销售，这就造成客房商品的脆弱性：客房一天卖不出去，当天的使用效用就自然失去，而且失去的效用永远也不能得到弥补，即当天的客房使用权这一商品就此作废，而房间设备折旧、人员开支、管理费用等还要照样支出。酒店客房管理如何适应这一特点，是一项艰巨的任务。根据宾客需求的心理特点，提供热情、周到、规范、灵活的服务，才能提高客房商品质量，才能有利于客房商品的销售，加快客房周转。

（三）控制客房营运开支

如前所述，客房部是生产部门，并不直接产生经济效益，但是，如果客房部能控制营运开支，节省下来的资金就变成了对酒店净利的贡献。控制客房营运开支，其主要环节有客房固定资产折旧；水、电等各种资源消耗；客用品及清洁用品的消耗；劳动力成本等。

（四）为酒店提供服务保障

客房部所管辖的范围很广。除了客房楼层，酒店往往把公共区域卫生、绿化养护、布草洗涤等工作也纳入客房部的管理范围。客房部下设的公共区域组负责酒店公共区域的清洁卫生，设绿化组负责酒店各处所需鲜花和绿色植物的提供及养护，设草房和洗衣房负责酒店各部门员工所需的制服的洗涤与替换。从这层意义来说，客房部为酒店的运作提供了保障，是整个酒店名副其实的“管家”部。

二、客房部服务特点

现代酒店市场竞争越来越激烈，客人对客房产品的要求也越来越高。客房部的产品主要是服务，为适应客人日益提高的要求，客房部管理人员应准确把握客房服务的特点，遵循客房服务的特点去设计和提供服务。客房服务有着与普通服务类似的共性的特点，也因为客房商品的与众不同的特性，客房服务也有独特的个性特点。

（一）客房服务的共性特点

1. 客房服务的无形性

客房服务是一种以客房为凭借、出租客房使用权的服务，并由此连带产生了宾客逗留期间的服务。住客支付的房费是房租，获得的是暂时的使用权，而当客人离开酒店时是不可能将客房这一产品带走的。可以说客人购买的是一种体验，这就要求客房部所有员工应致力于送给客人一个完美的体验，才有可能吸引客人重复光顾酒店。

2. 客房服务的随机性

客房部每天面对新的客人，涉及的工作内容繁多，工作空间广泛，在对客服务过程中具有很大的随机性。在这种情况下，为了保证服务质量，客房管理除了按照传统的管理模式外，还需有自己的管理特色。客房各级管理人员的走动式管理是客房部常用的管理办法，但在管理过程中，管理的随机性应该避免造成员工的抵触情绪。

3. 不易控制性

服务是由人而不是机器提供的，客观存在的个体差异就决定了服务是不易控制的。另外，客房部管辖的人、财、物及工作岗位之多在酒店是居于首位的。首先，大多数工作人员的工作环境具有相对的独立性，不利于管理人员的督察；其次，客房物资用品皆为日常生活用品，如果管理不善，极易流失。所以客房部加强对员工素质和自我管理的培训尤为重要。

（二）客房服务的个性特点

1. 客房服务的单调重复性

客房服务的单调重复性一个方面表现在客房一旦建设落成，会沿用较长一段时间，不易做出改变；另一方面，客房服务的首要任务是清洁整理客房，清洁整理的流程是相对固定的，具有单调重复的特点。

2. 客房服务强调隐性服务

客房出租后，虽然房间的所有权没有发生转变，但在租期内房间使用权归于客人，成为客人的“家外之家”。这就要求服务员充分尊重客人的隐私，减少对客人的干扰。客房服务因此具有隐性的特点：既要让客人享受到服务，又觉察不到有外人干涉的痕迹。

三、客房部在酒店中的地位

“住”是旅游“六大要素”的重要内容之一，是客人每天必不可少的需求。无论是出于何种目的、哪一层面的客人，到达目的地后首先需要找一个下榻的地方，通常就是宾馆、酒店或旅馆、招待所的客房。所以说客房是酒店的主体，在酒店中占有重要地位。

（一）客房是酒店存在的基础，是酒店最基本的组成部分

酒店是向旅客提供生活需要的综合服务设施，它必须能向旅客提供住宿服务，住酒店从本质上讲就是住客房，从这个意义上来说，无客房则无所谓酒店。纵观酒店的发展史也能看出，酒店的前身，如客栈、驿站等，一开始无一不是仅提供住宿（客房）服务，所以说客房是酒店存在的基础。

（二）客房是酒店组成的主体

客房楼层面积占整个酒店总面积的65%～85%。一般来说，一间五星级酒店的总面积大致等于房间数乘以100平方米，四星级酒店的总面积大致等于房间数乘以85～90平方米，因此确定客房数量就可以大致确定酒店总面积。此外，酒店的固定资产，也绝大部分在客房，酒店经营活动所必需的各种物资设备和物料用品，亦大部分在客房，所以说客房是酒店的主要组成部分。

（三）客房收入是酒店经济收入的主要来源

酒店的经济收入主要来源于三部分——客房收入、饮食收入和综合服务设施收入。其中，客房收入是酒店收入的主要来源，而且客房收入较其他部门收入稳定。客房收入一般占酒店总收入的50%左右。从利润来分析，因客房经营变动成本比餐饮部要小，利润率可以达到70%以上，所以其利润是酒店利润的主要来源。

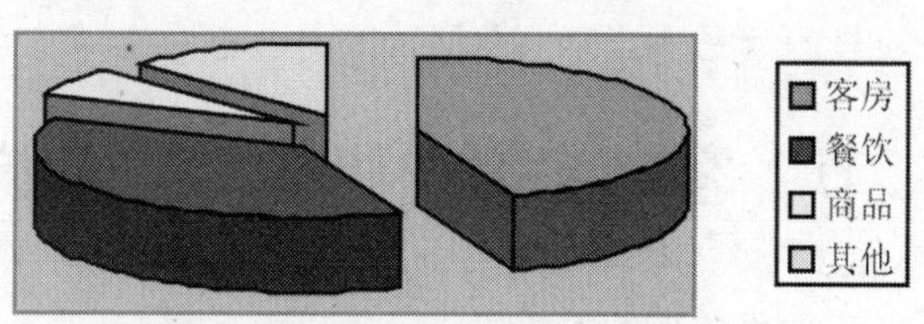

图1—1 我国饭店收入构成情况统计

（四）客房服务质量是酒店服务质量的重要标志

客房是客人在酒店中逗留时间最长的地方，客人对客房更有“家”的感觉。因此，客房的卫生是否清洁，服务人员的服务态度是否热情、周到、服务项目是否周全丰富等，对客人有着直接影响，是客人衡量“价”与“值”是否相符的主要依据，所以客房服务质量是衡量整个酒店服务质量，维护酒店声誉的重要标志，也是酒店等级水平的重要标志。

（五）客房是带动酒店一切经济活动的枢纽

酒店作为一种现代化食宿购物场所，只有在客房入住率高的情况下，酒店的一切设施才能发挥作用，酒店的一切组织机构才能运转，才能带动整个酒店的经营管理。客人住进客房，要到前台办手续、交房租；要到饮食部用餐、宴请；要到商务中心进行商务活动，还要健身、购物、娱乐，因而，客房服务带动了酒店的各种综合服务设施的运作，为酒店其他部门提供了客源。

【案例】80年代中期的某一天，一个北方客人看看招牌，走进了广州清平饭店。“劳驾，请问有房间吗？我想要一个铺，住两个晚上。”他问道。饭店的服务员被他弄糊涂了：“住房？我们这是吃饭的地方，没有房间。要住店你得去酒店或宾馆。”这下子轮到北方客人不解了：“没有房间？没房间你这咋叫饭店啊？”

原来，北方客人按其思维习惯，认为南方人的饭店也跟北方一样，是食宿业这一类企业，是有得吃有得住的，殊不知在南方刚好相反：“饭店”是没有客房的餐饮企业，而食宿俱全的企业则称之为“酒店”。习惯叫法上的差异，造成了这次小小的误会。

【点评】现代意义的食宿类企业进入中国，始于20世纪初。“Hotel”一词在英语中也属泊来词，更何况在中国？于是在“Hotel”进入中国后，得有个相应的称呼。这一称呼在北方被译成了“饭店”，而南方人则是“酒店”，沿用至今，可说是约定俗成。虽则在中国大部分地区是习惯使用“饭店”一词，可是，“酒店”是不是更洋气一点，更切合Hotel这个外来词呢？这就交给读者去品评吧！

第二节　客房部组织机构与服务流程

一、客房部组织机构设置

客房部的组织机构因酒店规模、档次、业务范围、经营管理方式不同而有所区别。这主要表现在以下三个方面。

（一）管理层次不同

大型酒店客房部管理层次多，小型酒店管理层次少。大型酒店其管理层次可分为经理——主管——领班——服务员四个层次，而小型饭店的管理层次可能会将管理层削减。时下酒店为了节约成本开支，在设置管理层次时采取了“扁平化”的手段，大型酒店的管理层次也在削减，办法是取消主管或领班之中的一个管理层次。

（二）组织机构构成内容不同

有些酒店的客房部或管家部包含的范围很广，是一个将洗衣房、公共区域都囊括在内的大部门，有些酒店的客房部仅包括楼层房间部分，把洗衣房或公共区域划分出去成为独立的部门，有些酒店则把前厅部和客房部合二为一了。

（三）分工细致程度不同

规模大的酒店由于管理的内容多，范围广，分工比较细致；小型酒店的员工则需身兼数职，分工粗略。

图1—2和图1—3分别是大型和中小型酒店客房部组织机构的设置示意图。

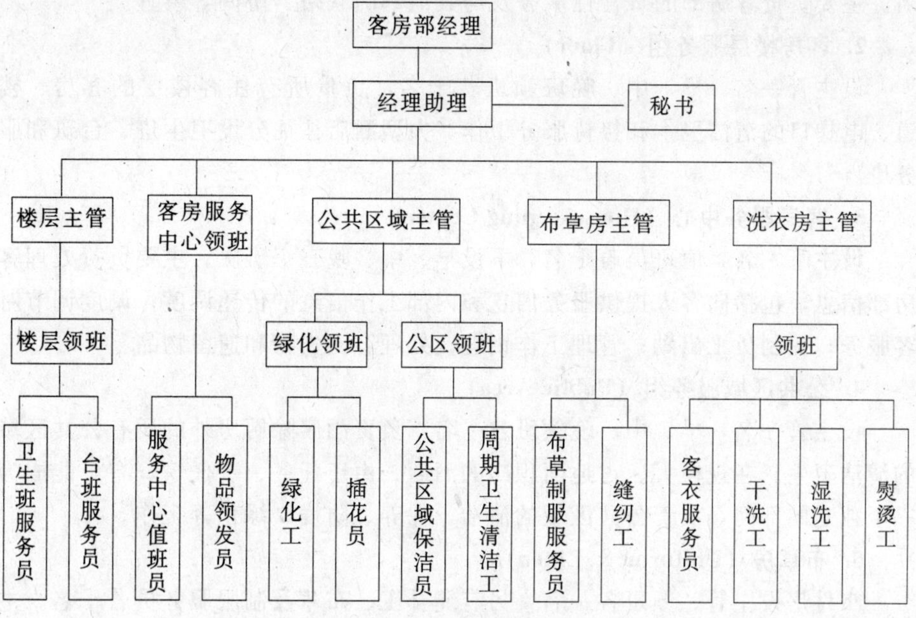

图1–2 大型酒店客房部组织结构图

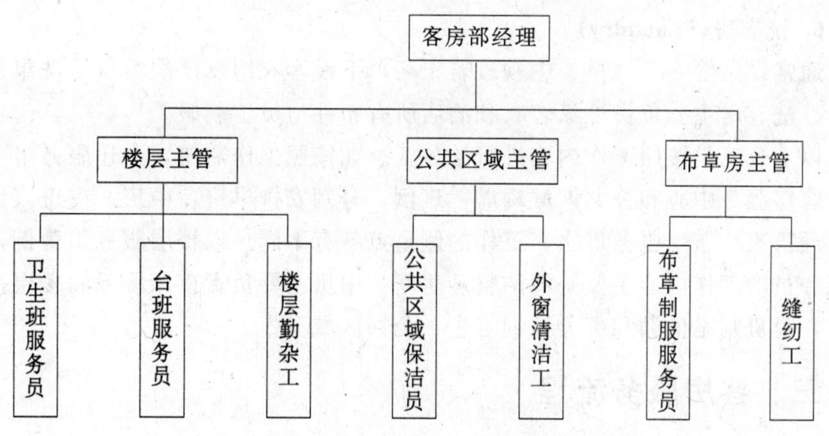

图1–3 中小型酒店客房部组织结构图

二、客房部的岗位分工

客房部分工复杂，人员繁多，合理进行岗位分工是客房部进行有效管理的前提条件。下面以大中型酒店客房部组织机构的岗位分工为例说明：

1. 客房部办公室（Office）

客房部设经理、经理助理各一名，另有秘书一名，早晚两班工作人员若干名。主要负责客房部的日常性事务及与其他部门联络、协调等事宜。

2. 客房楼层服务组（Floor）

设主管一名，早、中、晚班领班若干名，负责所有住客楼层的客房、楼道、电梯口的清洁卫生和接待服务工作。大型酒店往往分设卫生班、台班和服务班。

3. 客房服务中心（Housekeeping Center）

设主管一名，值班员若干名。下设早、中、晚三个班次。主要负责处理客房部信息，包括向客人提供服务信息和内部工作信息的传递调度；调度调节对客服务；控制员工出勤；管理工作钥匙；处理客人失物和遗留物品。

4. 公共区域服务组（Public Area）

设主管一名，早、中、晚领班各一名，负责酒店除厨房外的所有公共区域的清洁卫生。在规模大、占地面积广的酒店，由于任务、责任重，有可能成为一个独立的部门，负责公共区域的清洁、保养、防疫、绿化等工作。

5. 布草房（Uniform & Linen）

布件房设主管、领班各一名，另有缝补工、布草及制服服务员若干名。主要负责酒店的棉织品和员工制服的收发、送洗、缝补和保管，确保棉织品和制服的周转使用。

6. 洗衣房（Laundry）

通常设主管一名，早、中领班若干名，下设客衣组、湿洗组、干洗组、熨衣组。洗衣房主要负责洗涤客衣和酒店所有布件与员工制服。

以上分工是按照工作内容进行的分工。如按照工作需要，上述服务组中楼层、客房服务中心和公共区域均需三班倒，分别安排早班、中班、夜班（大夜班、通宵班）三个服务班次，工作的侧重点各有不同。以楼层服务组为例，早班服务员的工作内容主要是清洁整理房间，中班主要负责夜床服务和楼层接待服务，夜班则是值勤和部分计划卫生、公共区域卫生。

三、客房服务流程

客房部应按照住客的活动周期，相应的提供服务，满足客人的需求，亦即客房服务流程应对应住客活动周期。住客的活动周期大致分为四个阶段：住客抵店前、住客抵店时、住客逗留期、住客离店期，客房服务流程如下图所示：

客房部公共服务：贯穿于整个活动流程的后勤服务，包括公共区域清洁、绿化、洗涤、卫生防疫等。

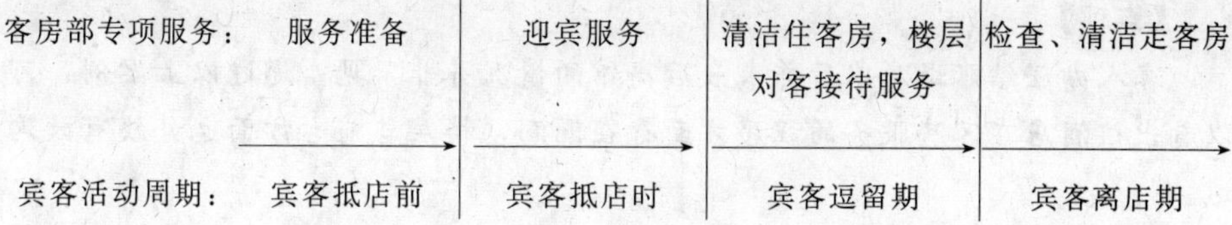

图 1—4 客房部服务流程图

对应宾客的活动周期，客房部公共服务是为了使客人拥有舒适的住宿环境而提供的各类后勤服务；专项服务的内容主要可分为两个方面：楼层对客接待服务（包括迎宾服务、逗留期间的生活服务、商务服务等）和房间清洁整理（包括空房、住客房、走客房等各类房间的清扫）。

四、客房部与其他部门的协作

酒店是一个由多个部门组成的有机整体，部门之间要相互协作才能提供客人所需的各种服务。客房部在服务住客的过程也离不开其他部门的协作，客房部与其他部门的协作内容如下：

（一）客房部与前厅部的协作内容

客房是客房部和前厅部共同的主要工作对象，这两个部门的联系最为密切。客房部与前厅部的协作内容主要在信息传递和沟通方面，在日常工作中，两部门应及时准确地进行信息沟通。

【案例】 客房与前厅，互相补台还是拆台？

一位住客当天中午乘火车回乡，提早在某酒店总服务台办好结账退房手续，他认为虽然结了账，但在中午十二时以前客房的住用权仍是属于他的，因此把整理好的箱物行李放在客房内，没有向楼层服务员打招呼，就出去买东西逛街了。

过了一个多小时，那位客人回到酒店准备取行李离店，谁知进入原住客房一看，已经有新住客在房间内喝茶，而他的行李已不知去向。当找到楼层服务员以后才知道他的行李已送到总台去了，楼层服务员反而责怪他为什么在结账后不和楼层联系。

客人听了以后很生气，“回敬”了几句便到总服务台提意见，谁知总台人员不记得他已结账，还不肯马上把行李交还给他。经过与楼层服务员联系的反复折腾，客人离店时已经快中午了……

【点评】

客人办理结账退房以后并未最后离馆的情况并非罕见。通过以上案例，可以看出该酒店在客房服务的程序方面存在漏洞，楼层与前台方面也欠缺有效沟通。

有些酒店把房间钥匙交给客人保管使用，比较方便，当客人结账时即把钥匙交回，如果需要寄存行李也应交给总台，不再回客房了。该酒店是采用由楼层服务员为客人开房门的办法，由于总服务台和楼层服务台之间配合得不好，无法掌握客人的行踪去向，造成服务混乱无章。

如果客人不通过楼层服务员而直接到总台结账，总台人员也应该同时和楼层服务员联系，如果客人不马上离店，那么房间也不可急于打扫，总台也不可把新客人安排入住该房间。假如客人想再进房间，而已把行李寄放到总台，那就另当别论了。

上述案例中酒店的最大失误之处，在于客人虽已办理结账退房手续，但行李仍放在房间内，本人尚未最后离店。在客房未重新整理打扫好之前，马上又安排新的客人入住，这显然是错误的，因为这间客房还不够重新出租的条件。可见，客房与前厅两部门良好的沟通与合作是令客房产品能够顺利出售和满足宾客的重要条件。

（二）客房部与工程部的协作内容

客房部与工程部的协作内容主要在客房设备设施的使用和维修保养方面，如果客房设施出现故障，客房部开出维修报告单，工程部应在接到报告单后限时完成。

（三）客房部与餐饮部的协作内容

客房部与餐饮部的协作内容主要有：客房部负责餐厅范围的清洁卫生、布件和员工制服的洗涤熨烫工作，协助餐饮部做好客房送餐工作。

（四）客房部与保安部的协作内容

客房部与保安部的协作内容体现在：客房部积极协助保安部对酒店公共区

域及客房楼层进行检查，做好防火防盗等安全工作。

（五）客房部与采购部的协作内容

客房部与采购部的协作内容主要是在客房设备物资的采购供应方面。

（六）客房部与公关销售部的协作内容

客房部与公关销售部的协作内容主要有公关销售部利用各种机会和场合，宣传客房的设施和服务项目，客房部应积极配合公关销售部的宣传促销活动，在房间内放置广告宣传品，宣传推销酒店的客房和其他设施及服务。

（七）客房部与人力资源部的协作内容

客房部与人力资源部的协作内容主要体现在对所需人力资源的开发、利用上：客房部要对其员工的录用、培训及待提升人员的培训和发展，提出计划和要求；协助人力资源部做好员工的招聘和培训工作。

第三节　客房部职业特质与职业生涯设计

客房部的服务工作虽说大部分是事务性的，具有单调重复等特点，但是要成为一名优秀的客房部员工，获得客人的称赞和上司的赏识，还得具备一定的职业特质。如果你想在客房部开始你的职业生涯，则需要好好做个规划。

一、客房部员工的从业能力

（一）敏锐的观察能力

观察能力的实质就在于善于想客人之所想，将自己置身于客人的处境中，在客人开口言明之前将服务及时、妥帖地送到。客房部员工敏锐的观察能力主要体现在以下方面：

1. 善于观察客人身份、外貌

客人是千差万别的，不同年龄、不同性别、不同职业的客人对服务的需求也是不同的。客人在不同的场合、不同的状态下，其需求也是不一样的。

2. 善于观察客人语言，从中捕捉客人的服务需求

酒店员工从与客人的交际谈话或客人之间的谈话、客人的自言自语中，往往可以辨别出客人的心理状态、喜好、兴趣及欠满意的地方。

3. 善于观察客人的情绪

不适当的亦步亦趋，只会使客人感到心理上的压力。所以，既要使客人感到酒店员工的服务无处不在，又要使客人感到轻松自如，这样使客人既感到自由空间的被尊重，又时时能体会到酒店关切性的服务。

4. 善于观察客人心理状态

客人的心理非常微妙地体现在客人的言行举止中，员工在观察那些有声的语言的同时，还要注意通过客人的行为、动作、仪态等无声的语言来揣度客人细微的心理。

5. 善于识别不良行为人士及入侵者

客房部员工除了为客人提供服务，还担负着保障客人人身、财产、隐私的安全职责，维护楼层安静的环境，因此员工在工作过程要识别并杜绝不良人士等进人、逗留在楼层中。

【案例】一天，某酒店客房部服务员小李正在做房，发现客人枕过的两个枕头中间有一道折痕，她对这一状况上了心，想到：为什么两个枕头同时都出现一道折痕呢？说明一种可能：住客嫌枕头偏低所以把枕头折叠使用。于是她便拿出两只备用的枕头给客人加上。晚上客人回到房间，发现床上多了两个枕头，很是意外，又非常感动，就专门致电客房服务中心表示谢意："我虽然没明确提出需要增加枕头，但你们的服务员体察入微，主动帮我加了，你们的服务员真是太棒了！"

【点评】客房的服务性质决定了客房服务员的主要工作对象是房间，面对面与客人打交道的机会不多，所以不一定能当场接受客人的服务要求或通过察言观色获取客人需求信息，但是如果服务员有敏锐的观察力，在做房的过程中透过某些事物的表象分析个中缘由，就能像案例里的小李那样，先于客人的要求为客人提供其所需的服务了。

（二）深刻的记忆能力

深刻的记忆能力可以产生的作用

（1）使客人所需要的服务能够得到及时、准确的提供。

◆提供资信的及时服务

在客房服务中，客人常常会向客房部员工提出一些如酒店服务项目、服务设施、特色菜肴、烟酒茶、点心的价格特点或周边的城市交通、旅游等方面的问题，客房部员工此时就要以自己平时从经验中得来的或有目的的积累为客人一一解答，使客人能够及时了解自己所需要的各种信息。

◆实体性的延时服务

客人会有一些托付客房部员工办理的事宜，在这些服务项目的提出到提供之间有一个或长或短的时间差，这时就需要客房部员工能牢牢地记住客人所需的服务，并在稍后的时间中准确地予以提供，不会使客人所需的服务被迫延时或干脆因为被遗忘而得不到满足。

(2) 使客房部员工在提供服务中运用自如，不出差错。

酒店中各部门的服务工作已经形成了比较稳定和成熟的服务程序和服务规范，只有严格地履行这些服务要求，客房服务工作才会做得完美得体。这就需要客房部员工牢记相对复杂的服务规范，在这个基础上才能谈得上在服务中娴熟自如地运用。

(3) 使客房部的服务资源能够得到最大程度的挖掘利用。

酒店相对复杂的服务设施的分布、特色对于初来乍到的客人来说，是比较陌生的。但作为客房部员工却应当对其中的服务设施了如指掌，在客人需要的时候，客房部员工就可以如数家珍地一一加以介绍，从而使酒店的服务资源能够尽快地为客人所知。

(4) 使客人能够得到个性化的、有针对性的周到服务。

客人是一个异常复杂的群体，他们的喜好、个性特点等是千差万别的，因此客房部对于客人所提供的服务也是因人而异的，这就需要客房部员工对客人的情况有一定程度的了解。当一位再次光临酒店的或第二次消费同一项目的客人到来，客房部员工便可以根据自己的记忆能力迅速地把握客人的特征，从而能够为客人提供更有效、更有针对性的服务。

(5) 使客人能够从员工的细节记忆中感受到自己的重要性和被尊重。

如果一位客人的姓名、籍贯、职业、性格、兴趣爱好、饮食习惯等被酒店员工记住，并在与客人的交往中能够被酒店员工恰当地表现出来，客人将会感到有种受尊重、被重视感，从中感受到自己存在的意义与价值，这有助于客人对酒店产生相当良好的印象。

(三) 驾驭自如的语言能力

语言是酒店员工与客人建立良好关系、留下深刻印象的重要工具和途径。语言不仅是交际、表达的工具，它本身还反映、传达酒店的企业文化、员工的精神状态等辅助信息。客房部员工的语言能力的运用主要体现在以下几个方面：

1. 语气

酒店员工在表达时，要注意语气的自然流畅、和蔼可亲，在语速上保持匀速表达，任何时候都要心平气和，礼貌有加。

2. 语法

语法运用要正确。主要讲的是语句成分的结构搭配准确无误，其主要指句子成分的搭配是不是准确，词性是不是被误用等。

3. 逻辑

逻辑讲的是语句的因果关系、递进关系等方面的正确使用。这是语言表达中一个非常重要的方面，逻辑不清或错误的句子很容易被客人误解。

4. 身体语言

身体语言在表达中起着非常重要的作用，在人际交往中，身体语言甚至在某种程度上超过了语言本身的重要性。酒店员工在运用语言表达时，应当恰当地使用身体语言，共同构造出让客人感到易于接受和感到满意的表达氛围。

5. 表达时机和表达对象

酒店员工应当根据客人需要的服务项目、酒店的地点、客人的身份、客人的心理状态等具体情况采用适当得体的语言进行表达。

（四）灵活机智的应变能力

灵活机智的应变能力，对客房部员工而言，主要表现在突发事件的处理上。遇上突发事件，客房部员工应当做到：

（1）迅速了解矛盾产生的原因，客人的动机，并善意地加以疏导。

（2）用克制与礼貌的方式劝说客人心平气和地商量解决，这样的态度常常是使客人愤愤之情得以平息的“镇静剂”。

（3）尽快采取各种方法使矛盾迅速得到解决，使客人能得到较满意的答案。并尽量使事情的影响控制在最小的范围，在其他客人面前树立酒店坦诚、大度、友好的服务形象。

（4）客房部员工应当本着“客人永远是对的”宗旨，善于站在客人的立场上，在维护酒店声誉的基础上尽量设身处地为客人着想，而不要过多地想维护自己的面子。因此，在处理突发性事件时，不管过错在自己方还是在客人方，员工均要作适当的让步。

二、客房部员工从业观念

1. 大局观念

（1）每个员工都要树立牢固的大局观念，时时想着酒店的整体利益，考虑酒店的整体形象，不为图个人一时之快，使酒店受到不应有的损失。

（2）酒店员工应当认识到自己言行对整个酒店的意义，做好了获益就大，做差了酒店就受损，每个员工都是酒店这座大厦的支柱，只有每一个人都充分发挥自己的才干，酒店的经营基础才会异常牢固，酒店的经营才会蒸蒸日上。

2. 主人翁观念

（1）要想酒店之所想，把酒店的整体目标当作自己的目标，努力在岗位上履行自己的职责，不仅使酒店整个服务链不在自己的岗位上受到损失，并要使自己的这一环为酒店的整体形象作出突出的贡献。

（2）要想客人之所想，把客人所需要的服务及时、完善、高效地提供到位，使客人在酒店受到热情的礼遇和完满的接待，使客人慕名而来，尽兴而去。

（3）要想酒店客人之所未想，把酒店所可能获得的和可能受到的损失都与自己的利益得失联系起来，在充分履行岗位职责的基础上，把那些酒店所没有想到的、规定所没有涉及的、别人所没有想到的或考虑不周的、客人所没有想到的等等，都要纳入自己的服务范围。

3. 质量观念

客房部员工树立质量观念，对客房产品的质量有一个全面而深刻的认识。

（1）客房产品质量构成的特殊性。工业产品的质量重在产品实物本身，以及围绕产品所衍生出来的售前和售后服务的质量。而客房产品却不一样，它既包括实物产品部分的质量，又包括客房设备设施的质量、安全保卫的质量以及客房部员工服务水平的质量。在这所有的质量中，客房部员工服务水平的质量又是最为重要的，它最终表现为客人享受客房部提供的服务后所感受到的舒适度与满意度。

（2）客房部产品质量的整体性。整体性是指一个人的过错会使全体员工的劳动付诸东流。因为客房产品的生产和消费是即时性的，它与工业产品有很大的区别，客房产品质量是由一次次服务质量综合构成的，每一次服务的质量使用都是一次性的，不像其他产品一样可以更换返修，即其质量具有不可补偿性，并随着时间的延续，付出的补偿成本成倍翻升。

三、客房部员工从业心理

酒店行业有着区别于其他行业的特殊性，如果没有好的心态来面对酒店服务这一行业或客房部这一部门，那么就无法做好客房部服务工作。

（一）态度

态度是酒店员工从业心理中一个重要的组成部分，是否能树立正确的从业态度，决定着酒店员工从业中的努力程度、待人接物的情绪等等，这要从以下两方面进行阐述：

（1）有的员工认为酒店是专门给人赔笑脸的行业，地位低下，工作起来没干劲，这是一种非常消极的从业态度。酒店员工确实应当对客人笑脸相迎，这是酒店的服务业性质所决定的，也是人与人之间起码的表达尊重的方式。但对客人笑脸相迎并不意味着酒店员工就低人一等，而是让客人在酒店有一种宾至如归的感觉，让客人感觉到酒店对他的欢迎，态度的友好与热忱。

（2）有些酒店员工对客人不是采取一视同仁的态度，而是因人而异，对贵客热情备至，对一般客人则冷脸相迎。客人之间彼此不论背景、地位、经济状况、国籍、外观衣着，在人格上都是平等的，如果酒店员工在服务中厚此薄彼，那么受到轻慢的客人必然会对酒店留下不好的印象，使酒店的发展受到损失。

知识链接

中职学生在实习或就业时，乐意进入酒店客房部工作的不算多，个中原因，除了觉得客房的工作就是整天对着清洁用具和房间，缺乏与客人的面对面交流所以比较烦闷，甚至有些同学认为在客房工作要清洗卫生间，心里接受不了这种“脏活”。这是对客房部的工作缺乏认识，也是对客房服务缺乏认同。姑且不论客房部工作对个人职业发展生涯的帮助，同学们应该正视自己所从事的工作而不能自轻自贱。诚如丽思卡尔顿酒店的名言，酒店服务是“淑女和绅士服务淑女和绅士”，同学们应该认识到客房服务是非常重要、不可缺少的环节，没有客房部的支持，全酒店无以凭借开展服务。美国著名人权斗士马丁·路德·金说过：“就算你是一个清道夫，你也要兢兢业业，让走过大街的人称赞这条街上有个伟大的清道夫！”同学们，你们想不想让住客称赞你所在的酒店里有个伟大的房务员呢？

（二）意志

意志是一个人在面对事物时所表现出来的克服困难、达成目标的决心，这是一种非常成熟的从业心理状态，客房部员工意志的培养主要表现在以下几个方面：

1. 恒心

客房部员工虽然每天所面临的客人不一样，但所从事的工作具有相当的重复性。如果没有足够的恒心作支持，就容易畏难而退，对客人的服务工作就无法很好地开展。

2. 耐心

当客人产生误会时，要耐心地向客人予以解释，直到客人理解为止；当客人所询问的事情没有听明白时，酒店员工要耐心地将事情说清楚，直到客人得到满意的答复为止。

3. 自律

自律就是将工作要求内化为自己的言行举止。所谓内化，强调的是在无须外来监督管理的前提下，充分地发挥自己的主观能动性，自觉、自主地将工作做得井井有条。

4. 自控

每个酒店员工都有自己的情感、尊严和正当权利，在酒店服务工作中，经常会碰到客人与员工之间发生的误会，有时候原因可能出现在客人身上。这时酒店员工产生的情绪，采取一定的行为，纯粹地来看可能是合理的。但这一关系所涉及的双方也不是纯粹的人与人的关系，而是员工与客人、服务与被服务、拥有权利者和承担义务者的关系，因此这类矛盾的处理方式、处理主导思想就要强调酒店员工的自控意识。

（三）情感

情感是一个人对所从事的工作以及与工作相关人、事的喜欢、爱好、厌恶等积极或消极的情绪。情感是坚定意志的基础，是紧紧联系员工与酒店的纽带，是促使员工忘我地投入工作的催化剂，这主要表现在以下两方面：

（1）作为一名酒店员工，首先应当充分地认识到酒店服务业的光荣、高尚。

（2）酒店员工应当热爱自己的同事，处理好与上、下级的关系。拥有良好的与同事和上、下级的关系，有助于自己在工作中时时保持愉快、健康的心态，如果员工之间因为关系不和谐，则会影响对客人的整体服务，给客人留下不好的印象。

四、客房部员工职业生涯愿景

所谓职业生涯，指的是员工个体职业生活的流程，包括职业的维持与变更、职务升迁与职位的变动等，它是员工个体职业发展的整体路线图。而职业生涯愿景指的是在职业生涯发展中期望达到的目标，在客房部工作的员工，其职业生涯是怎样的呢？又应该有什么样的愿景？

（一）行政管理路线

在规模比较大的酒店，从基层服务员到部门经理以上的高层管理人员，其管理层次可分为：服务员——领班——主管——经理四个层次，每一层次还可以进一步细分，如服务员可划分成实习生——服务员——资深服务员等层次。在员工个体职业生涯的初期，员工以实习生或普通服务员的身份进入，继而晋升为领班；职业生涯中期，晋升为主管或二级部门领导；在职业生涯后期，将有机会晋升到客房部经理或调任其他部门经理，甚至升任酒店总经理。

（二）专业技术路线

在客房部中，有些工种有较高的技术要求，如公共区域的清洁机械操作工种、灭虫害工种，绿化组的花工和插花工，洗衣房的熨烫工、干洗工等。从事这些工种，能从中收获技能与经验，可帮助员工走上一条专业技术路线的职业生涯之路。员工掌握核心技术，成为薪金不菲的专业人士，甚至可能凭“手艺活”创业，开办清洁公司、花店、洗衣店等个体企业。

思　考

1. 有人说，餐饮部比客房部有更大的随机性，那你如何理解客房服务的随机性？

2. 客房部与前厅部的关系是怎样的？如何做好这两个部门的沟通协调工作？

3. 为什么现在酒店的“标准间”是配备两张单人床的房间？现在有些高档商务酒店中大床间的数量已经多于传统意义上的“标准间”的数量，这一现象说明什么问题？

4. 如何为残疾人提供“无障碍”的服务？

练　习

1. 了解5家不同类型酒店的客房部设置方式。

2. 画出大型酒店客房部组织结构图。

3. 讲述客房部是怎样进行业务分工的？你倾向于在客房部哪个二级部门工作？描述从事该部门工作所应具备的素质条件。

4. 试讲述本人的职业生涯愿景？

第二章　客房产品概述

【导　语】

“客房”这个专业名词在酒店行内有两重含义：一是指酒店主要组成部门之一的“客房部”（Housekeeping Department，简写为 HS-KP Dept），二是指“房间”（Room，简写为 RM）这种酒店的主要产品。第一章为大家讲述的是客房部，本章读者将从产品的角度来认识客房。

第一节 客房的类型

当“客房”代表的是一种产品而非一个部门时，它指的是“房间”这一实在空间。不同类型、不同档次的酒店，为了满足客人用房的不同需求，设置不同种类的客房。一般说来，大型酒店客房种类多，设备齐全；反之，小型酒店客房种类少，且设备比较简单。

一、客房商品的基本条件

酒店提供出租的客房要成为商品，必须具备以下四个基本条件。

（一）客房空间

客房空间是客房能成为商品的基础条件。根据我国《旅游酒店星级的划分与评定》（GB/T 14308—2003）标准，四星级以上的酒店的普通客房的起居面积（去除卫生间、走廊）应不小于 $20m^2$。客房空间某种程度上跟舒适感成正比，空间越大舒适感越高。

（二）客房设备

客房设备主要包括家具、电器、洁具以及地毯、窗帘等配套设施，它们是构成客房商品有用性的重要条件之一。客房设备的选择要考虑到客人使用的方便性，同时因为设备有较长的使用年限所以还要有前瞻性。

（三）客房用品

客房用品主要是指各种家居用品，包括低值易耗品和备用品。客房作为客人离家外出时的居所，理应按照家庭配备标准配置客房用品，所以客房用品也是客房商品有用性的必要条件。随着环保观念逐渐深入人心，在客房内取消易耗品的呼声越来越高，酒店可顺应潮流取消或循环、替代使用易耗品。

（四）客房卫生

客房档次有高低，设备有多寡，但不管怎样，对卫生条件的要求是始终不能变的，一家酒店的客房是否整洁是客人衡量是否入住的首要考虑因素。

二、客房分类的标准

客房的种类可按照不同的标准去进行划分，其中最主要的分类标准有两种：

（一）按客房本身的硬件条件划分

这一标准可以逐步细化，将客房种类逐一划分：首先，根据构成单位房间的数量，将客房划分为两个基本种类：一是单间客房，二是套间客房。其次，根据房内配备的不同种类和数量的床，可将单间客房进一步划分为不同类型的房间，如单人间、双人间等。最后，根据不同档次的室内装潢布置等，将配置一样的床的单间与套间客房又划分出各种类型的客房，如标准房、高级房、豪华房等。

（二）按客房在楼层中的位置划分

酒店客房销售部门有时为了妥善安排各类客人的需要，或者出于促销、区分定价的考虑，对客房根据其在楼层中的位置进行划分。一般来说有以下种类：

1. 内景房（Inside－view Room）

这种客房的窗户朝向酒店的内院，住客在房内观景主要是店内景色。有时如果酒店建筑物两侧客房的景色迥异，也会把观景稍逊的一侧的客房称为内景房。

2. 外景房（Outside－view Room）

这种客房的窗户朝向店外，住客可以在房内观赏酒店外部景色。有时外景房也指景观较美的一侧的客房。

3. 角落房（Corner Room）

这种房间位于楼层的建筑物边角处，通常是距离电梯间或主出入口最远的房间。因其私密性较好比较受到注重个人隐私的客人的欢迎。

4. 毗邻房（Adjoining Room）

这并非指一个房间，而是相邻的两个或多个房间。在团队的住房安排中，应尽可能的安排毗邻房，以方便其团体活动。

一般而言，如果房内硬件设施一样的两间房，不论其景观如何，即不分内景房、外景房，其标价是一样的。但在有些以某类特殊景观（如海滩、山林）为卖点的酒店里，精明的商家还是会将内外景房拉开差价，以赚取愿意付出“观景费”的客人更多的利润。

三、客房的种类

以下主要根据客房本身的硬件条件对客房种类进行了解。

（一）单间客房

只有一个房间的客房就是单间客房。根据房内床的种类和数量的不同配备，又可分为以下四种：

1. 单人间（Single－bed room）

指的是只放一张单人床的单人用房间，比较适合单身外出的游客或不愿与别人分享一间客房的单身客人住用。由于这种客房放置的是尺寸小的床又仅供单人使用，其所需的占地面积就不大，酒店往往在建筑物的边角位或空间不够方正的地方设置单人间。

2. 大床间（Double－bed room）

大床间是指房内配备一张双人床的客房。原来主要是为夫妻旅行者设计，随着客人日渐追求客房的舒适感，许多单身客人尤其是商务客人也喜欢此类客房，因此这类客房与单人间的区别界限越来越模糊，大床间“跨界”成为单人间。时下一些高档商务酒店倾向于取消面积较小、摆放一张单人床的单人间，使客人自动升级（Upgrade）使用配置一张大床的商务房，使得酒店经济效益大为提高。

3. 双床间（Twin－bed room）

这种房内配备两张单人床、带独立卫生间供两人使用单间客房叫双床间，也称标准间。这种房间可供两位客人同住，同样也可以出租给一位客人住用。这类在安排住客时比较灵活、方便，尤其受到较受团体客人的欢迎，因此这类客房在酒店里通常占绝大多数，成为酒店的“标准”间。如果房内设备讲究、装饰别致、面积又大于普通意义的标准间，便称为高级客房或豪华客房；还可将两张床相连合并为大床间；而如果这种房间放置的是两张大床，则成了双大床间（Double－doubles Room）。双大床间比较常见于度假型酒店。

4. 三人间（Triple－bed room）

放置三张床，可供三个人入住，此类房间二星级以下的酒店设立较多，属经济房，在高星级酒店一般不设三人间。如果入住高星级酒店的客人要求三人合住一个房间，通常在标准间内加一张折叠床，并在标准间的价格基础上增收加床费用。

（二）套间客房

由两个或两个以上房间、卫生间和其他设施组成的客房就是套间客房。目前酒店套房的种类主要有：

1. 标准套房（Standard suite）

标准套房又称普通套房（Junior suite），是由中间有门连通的两间单间客房组成，一间为起居室（Living Room）即会客室；另一间为卧室。有的酒店的普通套间并非断然分成两间，只是由两间卧室内通常配备一张双人床，也有配备两张单人床的，配有卫生间。还有的酒店在起居室也配一个不设浴缸的洗手间，供来访客人使用。

2. 连通套房（Connecting room）

这种套房并不是固定设置的套间，而是相邻的两间房，在两房共有的墙壁上用双重隔门（Connecting door）连接起来。中间的两扇隔门上锁，平时作为两间单间客房分开使用，在有需要时可将两间房同时出售，打开双重隔门，则两单间形成一套间。这类客房适合于家庭、集体住宿。

3. 商务套房（business suite）

商务套房是专为商务客人设计布置的套房。这类客房在办公设施、室内家具、用品的配备和布置等方面充分考虑到商务客人的需要。随着商务客人的增多，这类客房占客房总数的比例也在不断增加。

4. 豪华套房（Deluxe suite）

由两间以上的房间组成的套房叫豪华套房，有双套间、三套间和多套间，而有至少 4 个开间的豪华套房是酒店评上五星级的必要条件。这类客房室内装饰华丽高雅，家具用品高档舒适，室内设施设备齐全，除卧室外，还有客厅、会议室、餐厅、厨房等。卧室内通常配备大号双人床或特大号双人床。有的酒店还设有立体套房（Duplex），由楼上楼下组成，楼上为卧室，楼下为客厅，较适合带小孩的家庭使用。

5. 总统套房（Presidential suite）

总统套房通常由 7～8 间或更多间组成，总统和夫人卧室分开，男女卫生间分用。房间的功能进行了极度的细分，房内可分设客厅、书房、会议室、随从室、警卫室、餐厅、厨房、娱乐室、酒吧等。室内装饰布置极尽奢华，设备用品极为精致考究。为了满足不同层次客人的需求，不仅五星级酒店设有总统套房，大多数四星级乃至一些三星级酒店也设置了总统套房。它已成了一种档次的象征，标志该酒店已具备了接待国家元首的条件。但总统房并非总统才能住，根据各酒店的情况决定，一般来说只要付房租，谁都可以入住。也有些酒店将本酒店最高档的套房命名为主席套房、总理套房乃至皇帝套房等。在 20 世纪 80 年代中国酒店业的第一个黄金时期，大量新建的酒店存在着求大求全、互相攀比的风气，不计成本地追求硬件的先进、豪华，而盲目设置总统套房就是其中一个表现。一时间，总统套房成了四星级以上酒店的“标配”。总统套房占地广，设施精，装饰豪，成本出奇地高，标价也高，但利用率却很低，有些酒店的总统套房从未发市，成了豪华摆设。在提倡建设节约型社会的今天，酒店的投资者应该考虑：我的酒店需不需要总统套间，需要什么样的总统套间？

知识链接

房型配置的依据。酒店可能配置有多种类型的房间，配置的依据是饭店的等级、客源目标市场等，即接待的客人是何种类型及其对酒店房间需求量。一般来说，双床标准间是酒店的"主流配置"，所占的比例最大；但如果在高档商务酒店中，所占比例最大的房型可能是大床间；度假型酒店中出现公寓式客房、双大床间的几率就较大。

（三）特色房

特色房（Special Room）是酒店根据本店情况、本地资源、客人需求而特别设计和布置的客房，它可以是单间，也可以是套间。在实际配置中，有些特色房是临时布置的，如根据入住者身份布置成 VIP 客房或蜜月客房；有些特色房是常设的，如民族特色房、无障碍客房、儿童客房、女士客房、无烟客房等新型客房。

◆临时布置的特色房

1. VIP 客房

酒店把能为酒店带来较多经济或社会效益的人视为 VIP，即贵宾。为使贵宾感觉受到与众不同的接待，酒店对贵宾将要入住的客房提前作出特别的布置，通常是根据贵宾的不同级别相应增加物品摆放。

2. 蜜月客房

指安排给新婚夫妇入住的客房，也称喜房。如果客人没有特别指明，蜜月客房必须是大床房或大床套房。这类房间通常是在新婚夫妇入住前临时布置的，应该体现婚庆特色。也有些酒店为了吸引婚宴客人，特地按照中国传统习俗布置固定的喜房，如粘贴"囍"字，放置水果篮、气球、子孙桶、花生、枣子等挂件，婚床上摆上十几条大绸棉被等，受到一些"古老当时新"的客人的欢迎。

◆日常配置的特色房

1. 民族特色房

以本国、本地的民族、民居风格来布置，以便让游客了解当地民俗，满足其求异的心理。比如傣族民居，内部装饰以小纸伞和竹为典型代表，竹楼配上小纸伞，再放一曲葫芦丝吹奏的背景音乐，客人便仿佛身处孔雀之乡。中国五十六个民族五十六种特色，只要抓住民族特色，“越是民族的就越是世界的”，就是很好的卖点。

2. 无障碍客房

所谓无障碍客房，是一种经过专门设计、布置，使残疾人、行动不便的长者等人士能无障碍地使用的客房。设置无障碍客房，既是国家法规的要求，也体现了酒店以人为本的服务理念。在建设部、民政部和残联联合发布的《城市道路和建筑物无障碍设计规范》里，就无障碍客房的位置、数量、过道宽度、卫生间设计要求以及客房电器与家具设计要求等作出了明确的规定，属于必须无条件遵守执行的；而酒店也应该在服务项目、服务程序等方面予以保障，令相关住客真正感到“无障碍”。

3. 儿童客房

儿童客房的前身是因为有宾客携带儿童入住又因故外出需留下儿童独居，便向酒店申请托管服务，酒店为儿童营造安全富有乐趣的客房，便于照顾儿童。时至今日，儿童已成为一个不容易忽视的有力的消费群体，因此有酒店发现了个中商机，开发出专供儿童入住的客户甚至专门的儿童酒店。

4. 女士（楼层）

女士楼层，是酒店为了方便女性客人，专门向女士开放的楼层。随着单身女性宾客的快速增长，此类客房需求也越来越大，为了让女性客人住得更有安全感，更加舒适，女士楼层在以下几点给客人以特别关注：

（1）尊重女性客人的隐私权。

（2）提供与女性感性相符的室内装饰、设计以及适宜女性需求的家具、日用品等。

（3）提供女性必需的化妆品、服装衣物用设备等。

（4）提供安全警卫服务。

5. 无烟客房（楼层）

越来越多的人意识到了吸烟的危害性，意识到二手烟比吸烟危害更大，也就越来越多的客人要求与香烟绝缘，无烟客房和无烟楼层应运而生。无烟客房不设烟灰缸，谢绝香烟客人进入，更不许员工吸烟。有些酒店为了彻底排除烟味，不但布件全部更新，甚至不惜更换墙纸、地毯，务求令对烟味最敏感的客人都察觉不到烟味。

特色客房在酒店的客房总数中一般只占较小的比例，数量不多。有些酒店把酒店的特色客房集中在某一楼层，形成了特色楼层。现在还有些酒店为了迎合市场需求，以某一特定的主题，来体现酒店的建筑风格和装饰艺术以及特定的文化氛围；同时将服务项目融入主题，整个酒店包括客房都围绕特色主题设置。主题客房的具体类型见本章第三节。从特色客房到特色楼层再到特色酒店，说明酒店行业越来越注重于带给顾客独特的体验，注重于满足顾客个性化的要求。

第二节　客房内部设计布置

客房是酒店获取经营收入的主要来源，是客人入住后使用时间最长的，也是最具有私密性质的场所。酒店客房的基本功能是：卧室、办公、通讯、休闲、娱乐、洗浴、化妆、卫生间（座便间）、行李存放、衣物存放、会客、私晤、早餐、闲饮、安全等。由于酒店的性质不同，客房的基本功能会有增减。为满足这些基本功能，设计主要体现在客房建筑平面、家具平面、水电应用平面、天花平面的布置中，以及在这些平面设计中已经定位的门窗、家具、洁具、五金和主要电器设施的选择。

一、床的种类

床（Bed）是酒店为客人提供休息和睡眠的主要设备，床的类型可分为基本类型和特殊类型。

（一）基本类型

基本类型指的是多数酒店都配备的西式床，主要由床架、床垫和床头挡板三部分组成，根据宽度将其区分开来。

表 2－1　基本类型的床

类　型	英文名称	长度（米）	宽度（米）
单人床	Single bed	2	1.2
双人床	Double bed	2	1.4～1.6
大号双人床	Queen－size bed	2	1.8
特大号双人床	King－size bed	2	2

酒店用床因没有统一的规定，各酒店可根据自己的客房空间面积来定，以上尺寸为常用尺寸，仅供参考。通常，床越宽，越舒适，档次也就越高。随着住客对舒适度追求程度的提高，客房的床的尺寸趋向加宽加大，有些酒店客房

的标准间所使用的单人床宽度尺寸接近 1.4 米，比普通双人床小不了多少。另外，考虑到美观、协调及便于服务员操作等因素，床的高度一般应在 40～60cm 之间。

（二）特殊类型

上述几类床是绝对多数酒店都配备的基本类型的床，但在某些特色客房或特色酒店里还会配备一些特别的床，如沙发床（Sofa Bed）、隐壁床（Murphy Bed）、单双两便床（Hollywood－style）、水床（Water Bed）、天梦之床（Heavenly Bed）以及榻榻米、异形床等。

二、客房的功能区设计

客房是客人住店期间的主要活动场所。“麻雀虽小，五脏俱全”，一间标准间面积不过二三十平方米，但足以安排五大功能分区，分别满足客人居留期间各种活动之需。下面以标准间为例说明功能区的划分。

（一）睡眠休息区

在这一空间区域里配备的主要家具是床和床头柜。床应该稳固、美观，令客人睡眠舒适。床头柜，是与床相配套的家具用品，它能方便客人放置小件物品，大多数酒店的电话也放置在床头柜上。利用安装在床头柜上的电器开关，客人可开启电视、收听音乐、开关房内的电灯、发出“DND”或“MUR”指令，甚至控制窗帘的开合等。

（二）起居活动区

该区是供客人起居活动用的，通常位于窗前区，主要配置的家具是小圆桌（咖啡台）、扶手椅（圈椅），或配有腿垫的单人沙发，供客人休息、会客、饮食、娱乐使用，透过窗户可欣赏店外景色。有些酒店客房没有观景阳台，也划入本功能区。

（三）书写整理区

标准客房的书写空间安排在床的对面或与起居区同一水平线的位置，这里放置写字台（梳妆台）、高靠背椅（琴凳），台面上有台灯、服务指南。在该处的墙壁上一般都装有一面梳妆镜，写字台可兼做梳妆台，客人既可书写整理，也可梳妆打扮。高级客房的设计倾向于将书写办公区与梳妆整理区分别独立开来，书写区保留在原位置，梳妆区移到浴室干区。

（四）贮物区

贮物区一般安排在卫生间的对面，进出房间的过道旁。这里的家具设有：衣柜、行李柜、小酒柜和小冰箱。衣柜、行李柜可供客人存放衣物、行李物品，小酒柜摆放各种小瓶名酒，小冰箱里贮藏有各种饮料和食品，以满足客人对酒类、饮料类和食物的需要。

（五）洗漱区

客房的卫生间即为洗漱区。标准间的卫生间主要设备设施是浴缸、面盆、恭桶。与浴缸配套的设备用品有淋浴喷头、浴帘、防滑扶手、毛巾架、晾衣绳等。面盆装在大理石（云石）台面上，云石台的墙壁装有大型的梳妆镜，台面上摆着供客人使用的卫生、清洁和化妆用品。台面下侧配有面巾纸架，便器旁装有卷纸架。还配有卫生间挂式电话、吹风机、通风设施、泄水地漏等。高档的酒店还设有独立的淋浴房、清洁器。一个功能齐全、精致美观又实用的卫生间会使客人心情愉悦。

除此以外，客房空间的构成还包括房间入口门、走廊、观景阳台等。客房的入口门最低必须配备：有槽的门框和带有吸音的密闭隔音板；门铃连接勿打扰指示器和在邻近墙上的房间号板；凹式的闭门器；窥视镜（猫眼）；防盗链（扣）；紧急出口路线指示以及客房门锁。走廊一侧是贮物区，另一侧（浴室墙）布置全身镜。有观景阳台的客房通常摆设铸铁家具

以上仅是普通标准间的功能分区，客房功能的划分会因客房类型不同有所异化，如商务客房应强调办公区，度假型客房应突出起居区，而女士客房则应配置独立的梳妆整理区。另外，随着住客要求的提高，客房面积趋向更大，分区会更细更专业化，例如起居活动区扩大；书写区与梳妆区分开；洗漱区干湿分开等。

三、客房设备用品的配置

客房内设备用品的配置是酒店星级划分的依据。不同星级酒店及不同种类的客房，设备用品的质量和数量有较大的差别。高档次的酒店客房设备用品则显示华丽名贵和配套，用品种类繁多；低档次的酒店设备用品较简单，只求实用、方便和安全。不同档次和种类的房间，虽然设备物品的配备标准规格不同，但提供宾客使用的设备物品必须完好安全。客房设备物品包括家具类、电器类、卫生设备类、安全设备类、客房用品类。以下我们逐一介绍：

（一）家具

1. 床

床是供客人休息的主要设备，常用床的种类、规格尺寸见表2－1。

2. 床头柜

标准间床头柜放在两床之间，除了供客人摆放小件物品外，还放置有电话、小便笺、“请勿吸烟”卡。控制面板上装有电视、音响、时钟、灯具等开关旋钮。下面格板空处通常摆放一次性拖鞋、擦鞋纸（布）、电话簿。

3. 咖啡桌或茶几

咖啡桌放在窗户前的两把圈椅（扶手椅）中间，数量一张，供客人喝茶及小量用餐用，上面放置水壶、托盘、茶叶、茶杯、水杯等。也有酒店在此处配置的是圆形的茶几。

4. 圈椅

大多数圈椅是用布蒙制的软椅，数量两把，供客人休息、访客用。也有配单人沙发连腿垫的做法。

5. 写字台

供客人书写或化妆用，数量一张，上面放有台灯、服务指南、烟缸、花瓶等物品，桌子抽屉内放有礼品袋、洗衣袋、洗衣单等。写字台侧面有大块梳妆镜，并有镜前灯，供客人化妆、着装使用。

6. 琴凳（高靠背椅）

琴凳放置于书桌下方，以不露出桌边的垂直线为准，摆放正中，客人使用时才拖出，数量为一个。在有高身材客人入住时可将其接在床尾，增加床的长度。高靠背椅是配办公桌之用，呈45°角放置于书桌下方，方便客人拉出坐下。

7. 电视柜

摆放电视用，上面放置一个电视机转盘，可以将电视机向不同方向转动，方便客人在不同方向观看电视，数量为一个。柜子的下部可放棉被，也可放置小冰箱。有的酒店房间配置液晶电视机，将电视机挂在墙上，省却了电视柜。

8. 行李柜

放置客人行李。下面空格板可放客人皮鞋或开夜床时放床罩用。台面布有防滑条。

9. 衣柜

内有挂衣杆、西装架、裙架、普通衣架，供客人挂放衣服用。通常放在门道的侧面。有些酒店将酒柜和衣柜连在一起做。

以上是标准间常用家具。当然，不同的酒店根据自身客房空间及设计需要，也会适当增减一些家具。家具是增加客房舒适感的重要工具，酒店相当重视家具设计与陈设，就算是经济型酒店，对家具的投入也毫不含糊，务求从简便中带给住客舒适感。

（二）电器

1. 门铃

装在客房门外侧面的墙上，供客人来访时呼叫用。现在越来越多的酒店采用可视门铃，客人在房内可看到来访者，以确定开不开门，具有较高的安全性。

2. “请勿打扰”（DND）与“请即打扫”（MUR）指示灯

安装在门铃的下方，（通过相应的灯亮起）显示客人希望谢绝来访或清洁打扫。当“DND”灯亮起时，禁止去敲房门询问服务项目，一般只有到下午14：00以后，才可以通知大堂打电话询问或上楼检查“DND”房；如“MUR”灯亮着，则代表客人需要优先清扫服务。

3. 取电器

在进房门后走廊的左边或右边，像一个小盒子，进房后用取电牌插入开口处，房内电器电源接通。也有酒店不使用取电器的形式，既方便宾客，有居家的感觉，同时保证房间电源的随时畅通，不存在不间断电源的概念，再者浴室内的排风系统能保证随时畅通。

4. 电视机

根据酒店的档次来配备尺寸和品牌。

5. 冰箱

标准间冰箱放在酒柜内，一般选用容量为50L的小冰箱，套房的冰箱在150L以上，内放饮料、小食品等，饮料一般为8种共16听。

6. 电话

两部。一部放置于床头柜上，一部挂在卫生间恭桶与浴缸之间的墙壁上方，以方便客人在卫生间接听电话。

7. 灯具

客房内灯具较多，数量也因客房的大小而定，为了满足客人整体照明与局部照明的需要，就标准间来说，一般有以下品种：顶灯一盏，安装在房间天花板中间位置；台灯一盏，放在书桌上，可调节明暗；落地灯一盏，置于咖啡桌后方或窗户旁的墙角处，可调节明暗；镜前灯两盏，一盏在客房梳妆镜上方，一盏在卫生间洗漱镜上方；床头灯两盏，床头的侧上方，可调节明暗；房间通道灯一盏，筒灯；夜灯一盏，在床头柜下方；地灯一盏，在进门走廊的左下方或右下方；射灯二盏，在酒柜上方；卫生间筒灯（防雾灯）一盏，日光灯一盏。时至今日，客房灯具的设计也充分体现了人性化，如在床头两侧分别添置聚光的阅读灯；灯具的照明度因客房的性质和灯具所在的功能区而产生区别；吊灯去繁就简等。

8. 空调

在房间过道上方，隐藏在墙内，只留出风口和吸风口，一般都是中央空调，部分酒店安装独立空调。可调节风力、温度、冷热开关。

9. 换气扇

安装在卫生间顶部，抽出湿气，输入新鲜空气。

10. 吹风机

装在卫生间的浴镜旁，挂箱式，取下时自动供风使用，挂上后自动断电。

11. 饮水机或电热开水器

放置于酒柜处，为客人提供饮用开水。

（三）卫生设备

1. 浴缸

配备一个，长不小于180cm，安装在卫生间，供客人盆浴用。

2. 面盆

安装在云石台面上，规格为标准尺寸，配备量一个，供客人洗脸和漱口用。

3. 恭桶

每间房配备一个，规格为标准尺寸，安装在卫生间。

以上三件洁具属于客房卫生间的标准配置，统称为“三缸”。

4. 淋浴房

中国的沐浴习惯有别于西方的盆浴，更倾向于站浴，所以为了迎合国内宾客的需要，加上节水节能的考虑，很多酒店在“三缸”的基础上加设独立的淋浴房，甚至以淋浴房取代了浴缸。

5. 云石台

安装在卫生间浴镜下方，用以托置面盆。上面放有宾客一次性卫生用品，如洗发水、沐浴露、口杯等。

6. 浴帘

与浴帘杆一起安装在浴盆外上侧，白天拉开，开夜床时将浴帘拉至浴盆一半，并将下摆放入浴盆中，供客人淋浴时阻挡水外溅用。

7. 浴巾架

挂放浴巾用，每房一个，为不锈钢制品，安装在浴缸尾部墙壁上。

8. 面巾架（环）

挂面巾用，不锈钢制品，可根据装修风格选定圆形、三角形或直线形等，传统直线形的每房设一个。选用有造型的面巾架，则根据房间面巾配备量来确定其数量。

9. 厕纸架

每房配备一个，装卫生纸用。

10. 皂缸（皂液器）

陶瓷制品，配备一个，镶嵌在浴盆侧墙上，放香皂用。新型酒店多以皂液器取而代之。

11. 面巾纸盒

不锈钢件，镶嵌在云石台正侧或两旁任意一侧的墙壁上，摆放面巾纸。也有木制、藤制件等面巾纸盒，直接放在云石台面上。数量为一个，规格与标准纸巾盒相同。

12. 浴缸扶手

安装在浴缸侧墙上，供客人扶拉用，以防滑倒。

13. 晾衣绳

安装在浴帘杆旁的墙壁上，将绳索拉出时，可供客人晾晒小件衣物。配置一个。

14. 洗手液盒

安装在云石台侧墙上，通过按钮压出洗手液供客人洗手。不配放洗手液的酒店配放香皂，此处放一个瓷皂碟代替洗手液盒。

15. 体重秤

放在卫生间云石台下，供客人称量体重用。健康秤应可称量 120kg 的体重。

16. 挂衣钩

双耳式，两组。装在卫生间内，门面上，供客人挂衣用。

（四）安全设备

1. 防盗扣（链）

装在房门后，门锁旁，一副。客人入房后将防盗扣挂上，开门时起防护作用。

2. 走火通道图

安装在房门后与眼平行的位置，提示客人安全通道和现在房间所处位置。

3. 猫眼（窥视镜）

安装在房门上，可让客人在门内通过猫眼观看门外情况。

4. 烟感器

每房一个，安装在房间正中房顶，当房间空气中烟雾达到一定的浓度时，自动报警，以便将火势控制在萌发状态，保障客人和客房的安全。

5. 自动喷淋

每房一个，安装在房间顶部，当温度达 62～65℃时，自动喷水灭火，喷水量约为 1 吨左右。

6. 保险箱

安装在衣柜内，与柜体紧密相连，客人根据使用说明书，自设密码后，便可将贵重物品放入其中。特别贵重的物品，要提示客人交前台贵重物品寄存处保管。

7. 防毒面具

每房两副，放于行李架下方。

8. 逃生手电

充电型，每房两只，用于紧急情况下照明。

（五）客用品类（以标准间为例）

客用品又分备用品和低值易耗品，主要指布件、低值易耗品及其他备品。

1. 客房棉织品

客房棉织品主要有：

（1）床垫保护褥。每房配置两张，与床的平面尺寸一样，铺在席梦思上。上方再铺床单，起防滑和保护席梦思的作用。

（2）床单。每床一张共两张。

（3）枕套。每张床配置两个。

（4）被套。装棉被用，每床配置一个。

（5）枕芯。枕芯为三维卷曲棉或羽绒，每床配备两个。

（6）棉被。选用踏花被或羽绒被。每床一床棉被，尺寸根据床的大小来选择，一般宽在 150cm 以上。

（7）浴巾。供客人沐浴后用，每房配备两条。

（8）面巾。供客人洗脸或沐浴用，配备量和浴巾相同。

（9）地巾。平时放在浴缸边中央位置，开夜床时放在浴缸前方地上，供客人沐浴后踏脚用，有的酒店还在开夜床时放一条在床侧的地面上。每房配置一条。

（10）方巾。供客人擦手、化妆使用，三星级酒店配备量与浴巾配备量相同，高星级酒店每客配两块。

（11）窗帘。要求透气性好，美观、大方，颜色以调和色为主，与家具、地毯颜色相协调，花口、颜色最好与床罩一致。质地优良，以棉、麻、丝为主。折皱比例为1：2。新型酒店有配置电动窗帘甚至无线遥控窗帘的例子。

（12）浴袍。供客人浴后或浴前使用。纯棉或丝绸制品，要求柔软舒适，保暖。

2. 其他备用品

（1）门牌一个，安装在房门正上方，标注房间号。

（2）挂画。根据房间大小来安排，可挂一至二幅。

（3）冰桶。配置一个，盛放冰块用，配有冰夹，放在酒水柜里。

（4）酒水篮。配置一个，摆放洋酒用，放在酒水柜上，并配有调酒棒和酒杯。

（5）烟灰缸。瓷制品或玻璃制品，个别酒店用大理石（云石）或其他防火材料。配备量一般为三个，分别放在书桌右上角、咖啡台、卫生间云石台上。

（6）垃圾桶。一般选用塑料桶，也有外壁是木制，内壁是不锈钢或藤编的。数量为两个，卫生间一个、房间内书桌下侧一个。

（7）服务指南。一本，介绍酒店各类服务项目。放于文件夹中。

（8）文件夹。仿皮或真皮制品，每房一本，放宣传单和服务指南等，摆在书桌上。也有的酒店用文件盒，放于抽屉内。

（9）茶杯。两个，白瓷净色为主，放在咖啡台上的托盘中。

（10）茶叶盅。盛放茶叶，配置两个，一个放在茶杯前，另一个放在酒水柜的咖啡杯具前，放糖和咖啡伴侣。

（11）口杯。两个，玻璃制品，放在卫生间云石台面上或托盘里，供客人漱口用。

（12）果汁杯。两个，玻璃制品，放在茶杯旁，供客人喝饮料用。

（13）托盘。两个，塑料制品或漆器、不锈钢、木制品。一个在房间，放茶杯等物；另一个在卫生间，放洗漱用品。

（14）花瓶。两个，一个放于书桌上，一个放在卫生间。插入鲜花或绿色水竹供客人欣赏，向客人表示祝福。

（15）咖啡杯具。咖啡杯两只、杯碟两只、咖啡匙两把，放于酒水柜上。

（16）衣架。平衣架四个，挂普通衣物；西装架四个；裤架（裙架）二至四个，放于衣柜内。

（17）衣刷。一把，放在衣柜中，供客人刷衣灰用。

（18）鞋拔。一把，放在衣柜中。

（19）小酒吧。放置四至五种洋酒各两瓶、小瓶红葡萄酒两瓶、饮料八种各两瓶、小食品五种。

3. 一次性消耗品

（1）卫生间一次性消耗耗品一般有：洗发水、沐浴露各两瓶；大小香皂各一块；如酒店以接待内宾为主，可摆设小瓶装洗衣粉；牙具两套，内有牙刷、牙膏；浴帽两盒；梳子两把；棉签一包；剃须刀一把（可视客人情况变动，两女客可不放，两男客就需加一把）；指甲锉两把；卷纸一卷，安装在厕纸架上；面巾纸一盒，放在面巾纸盒内；卫生袋一盒放在马桶水箱上，为不透明塑料制品或防水纸制品，供女宾装污物扔入垃圾桶，如男宾入住，则可临时撤去；消毒袋为套杯具用，每房四个，因口杯两个，果汁杯两个；杯垫六个，用于放在杯具下方。即口杯下两个，果汁杯下两个，茶杯下两个，有的酒店用杯垫后可不用消毒袋；恭桶封条一张，马桶清洁后放在马桶盖上以示消毒情况，但一般高星级酒店已不使用，以示卫生质量达标，无须示意。

（2）房间一次性消耗品一般有：拖鞋两双，酒店可根据客房档次选择无纺纸质布拖或棉拖，放在床头柜下方；擦鞋纸（布）两张，也有的酒店配亮鞋擦，放在拖鞋旁，供客人擦鞋时用；火柴三盒，放在烟灰缸边上；针纸包一个，放在书桌抽屉内，配有线、纽扣和针；茶叶六包：红茶、绿茶、花茶各两包，放在茶盅里；咖啡、伴侣、糖各两包；洗衣袋两个，放在衣柜或书桌抽屉中；礼品袋两个，放在书桌抽屉中；铅笔、圆珠笔各一支；便笺夹二个；洗衣单两份；电视节目单一份；宾客意见书两份；“请即打扫”牌一张；大信纸六张；小便笺一本；信封两个；赔偿价目表（纪念品价目表）一张；明信片两张；“请勿吸烟”和“祝您晚安”牌各一张；“环保节能卡”一张及各类宣传印刷品等。

知识链接

一次性消耗品的“几宗罪”

为满足客人生活需要，酒店在客房中配备各种用品供客人使用，但客人毕竟是“过客”，所以部分用品是一次性消耗的，如上文所述。业内人士分析一次性消耗品的“几宗罪”：一是提倡资源保护，可持续发展的宏观政策，而一次性用品造成了资源浪费，环境污染，不管是否用完，都要每天更换，不利于可持续发展；二是这些用品生产状况很难确定，卫生堪忧，酒店客用品之所以叫“一次性用品”，质量太次以至于只能用一次；三是企业本身经营困难，越来越多的饭店兴起，形成更加激烈的竞争局面，客房一次性用品是成本中的一部分，而且所占比例并不小。所以，提出取消一次性消耗品的呼声日益高涨。

2010年年初，广东省旅游局下发的《关于我省星级饭店逐步取消一次性日用品的通知》，从4月1日起广东省星级饭店将试行不再将一次性日用品配送至每间客房，仅在客人提出需要时配送。在半年过渡期后，广东省内各星级饭店将从10月1日起正式取消免费提供一次性日用品。在“取消”的呼声中，酒店略显尴尬，因为取消一次性消耗品总体上是将资源利用最大化，但受益最大的肯定是酒店而非顾客。取消还是保留，看来将是一场酒店与客人的博弈。

酒店客房作为一个整体产品，其装饰、陈设、家具、电器、用品应体现配套性、实用性、经济性，同时兼顾美观性。客房产品相对于餐饮产品而言，创新的可能性和迫切性都较低，因为客房一旦落成，就要沿用较长一段时间。也正因如此，客房的设计布置应该体现一定的前瞻性，墨守成规只会为宾客所抛弃。

第三节　客房产品发展趋势

随着饭店业竞争的加剧，饭店越来越多地注重客人需求的满足程度以及对运转成本的控制。而对顾客需求的进一步调查发现，饭店提供的相当一部分服务和客用品并非是客人所期望得到的。因此，许多饭店开始调整饭店的对客服务项目、提供的客用品品种以及客房的硬件设施。以下是饭店业在客房产品设计布置方面的发展趋势。

一、服务简便化

房间的小冰箱、电水壶等电器不仅耗电，易产生噪音，而且还是房间的热源。除了豪华商务间、行政套间等之外，其他房间取消小冰箱，学习国外饭店的做法，在客房楼面配置制冰机、饮水机、自动售卖机，需者自便。这样做还简化了客人退房、服务员查房的手续，缩短办理离店手续时间。可取消电视，将电视与电脑合二为一。房间用品尽量简化，如用楼层擦鞋机替换亮鞋擦，用打火机替换火柴。部分用品摆放位置尽量能让客人一眼看到，如把洗衣袋等从抽屉里改挂在墙上挂袋里，控制面板按钮化、上墙化，开关面板增加中英文说明等等。

二、设施智能化

随着高科技时代的到来，客人，尤其是一些商务客人，对饭店的各种设施都提出了更高的要求，驱使客房的设施向着智能化的方向发展。一些饭店的高科技体现在一些细微之处。客房电子控制面板无论从设计、操控到选位上，都完全配合客人的使用习惯，不需要费时研究，操作简易。宾客只需指尖轻动，就可轻松地控制房间内的空调温度、灯光、电话、闹钟、窗帘开关和影音组合。如果宾客忘记挂上“请勿打扰”指示牌，只需要轻轻按床头控制面板的按钮，门外的显示灯即会亮起，同时门铃也会处于静音状态。宾客就寝关闭室内灯光时，床头灯逐渐变暗，不会令客房骤然转黑；轻按控制面板的“夜灯”按钮，柔和的灯即会照亮浴室的位置，方便宾客在午夜时分走动。客房内豪华的浴室体现出半岛卓越的科技和缜密心思，无论是享受舒缓的浸浴或整装，宾客都可根据不同需求选择三种不同气氛的灯光效果。另外，大部分酒店客房的浴缸上方位置，已装备了可预防蒸汽功能的电视屏，而遥控设施亦抬手可触。装置在浴缸旁的免提电话，或是梳妆台或洗手间附近的电话机全部附有特别的声量控制装置，宾客在接听电话时，会自动关掉电视机或收音机的声音，同时以数码功能过滤流水声和浴室内的回音，确保宾客时刻与外界保持联系。当宾客准备外出前，可以透过房间内入口处安装的电子显示面板了解室外温度和湿度，比起从前需要亲身试验户外温度方可定夺穿着方便了许多。除此之外，客房的设施智能化还体现在客房锁钥系统使用智能 IC 卡锁钥系统，一些酒店还采用了以指纹或视网膜鉴定客人身份的无匙门锁系统，无居住权者接近客房将通过警示系统传至服务中心和安全部门，无密码将不能查阅客人所登记的资料。

三、设备自助化

随着电脑技术和互联网的发展，有一部分过去由酒店商务中心提供的服务，现在可以通过笔记本电脑来完成。因此，在商务楼层客房里提供高速互联网的连接，对客人来说，已显得越来越重要。万豪国际酒店集团旗下的酒店在客房里提供 24 小时的 STSN 高速互联网服务，上网速度是传统拨号的 50 倍，且可直接上网。STSN 系统还提供酒店设施、服务项目、餐馆特色、旅游景点、购物指南等详尽资料。同时客人还可方便地访问自家公司的网站、收发电子邮件、使用程序，从而使酒店真正成为客人旅行在外的办公室。有些高档酒店还在商务楼层的客房里配备打印机、复印机和传真机。新加坡的 RITZ—CARLTON 酒店客房安装了伸手就能够得着的数据端口和电源插座，办公桌十分宽大，放置双线电话机，桌边除有传真、打印、复印功能外，还提供扫描仪，并配置可租用的手机。

随着网络技术的发展，商务客房将宽带IP网和IP电视直接连入每一间客房。客人在客房里可以上网游览各种住处，查阅酒店服务和自己在酒店里的账单。酒店的客房将成为ON LINE ROOM（在线客房），具有INTERNET接口；同时将调整条桌的高度，以便于客人商务办公使用。使用电子控制客房MINI吧。在酒店的各消费场所使用联网的电脑终端，不断汇总客人在各个场所的消费金额，并通过电脑系统挂账至客人的账户里。这提高了结账的效率和准确率。如假日酒店的LANMARK系统就具备了这个功能。客房服务员检查好MINI吧后，可以利用客房电话机输入代码，将客人消费MINI吧的有关信息直接通过电话线路传输到客人账户里。这样，前台员工就可以腾出接听电话的时间专心接待客人了。国外一些酒店的MINI吧还具有类似自动售货机的功能，可以自动记录客人的消费量，并直接挂账至客账中，而无需客房服务员再去检查。

酒店客房采用多功能红外电子遥控器来取代固定在床头柜上的控制面板。这种电子控制器可以对客房里的照明灯具、音响、电视机、空调、窗帘等进行全方位遥控。它可以拿在手上，使用起来非常方便。

四、客房绿色化

在倡导可持续发展的今天，创建绿色饭店已经成为一种时尚，而客房的绿色化则是其中重要的组成部分。

（1）绿色客房的定义。根据浙江省绿色饭店标准，绿色客房是指无建筑污染、无装潢污染、无噪声，有空气过滤装置，室内环境完全符合人体健康要求的禁烟房间，并且房间内所有用品、用具及对它们的使用都符合充分利用资源，保护生态环境的要求。

（2）绿色客房主要表现在以下几个方面。选择那些同意将其产品废弃物减少到最低程度的供应商，或者坚持生产厂商将非必要的包装减少到最少或重新利用；注意回收旧报纸、易拉罐和玻璃瓶等，并将有机物垃圾专门堆放在一起合理安装各种设施设备，减少能源浪费现象。

在客房中注意使用各种节能设施设备及技能新技术。如节能灯以及各种自动化控制的节能设施和技术节约用水。严格控制客房淋浴喷头、洗脸盆龙头以及马桶抽水每分钟的出水量。在酒店建设、客房装修和改造时，注意选用节水型卫生洁具。

鼓励住宿超过一天的客人，继续使用原有的毛巾，或不更换床单，以减少清洗所需的水和洗涤利用量。为此，可向旅游者推出“能源节约卡”，告诉客人：“本酒店是世界环保计划的支持者。为响应‘节约能源，保护环境’之倡导，我们希望尽可能减少床上卧具的洗涤次数，以节约水电消耗和减少排污量。如果您认为您床上卧具无需更换，请于早上将此卡置于枕头上。对此，我们酒店全体员工将十分感激您的举动”。对于预计当天离店的客人所住的客房，要求当班服务员在客人离店后整理。

减少使用含氯氟烃的产品、含氯漂白剂和漂白过的布草。

尽可能使用有利于环境保护的商品和可再生利用的产品。

改变客房卫生用品的供应方式。传统酒店的洗手间每天都要配备一次性物品，客人用剩的都要扔掉，既浪费了资源，又污染了环境。酒店应将客房内惯用的肥皂和沐浴露小罐子，改为可添加的固定容器，可减少资源浪费。

设计绿色化绿色环保节能客房，是酒店客房设计新追求。去除节电牌，改为红外线与空调控制一体化的控制器，房间无人、卫生间无人，灯自动熄灭，有人时就保持原来的照明状况。家具多元化，风格统一协调，布置摆放分散化，可挂墙、玻璃透亮化。客房地面改变铺满地毯的传统，在小过道和窗前用硬地面。墙面变壁纸为涂料。屋顶采用性能好的轻质隔热材料，涂浅色反射涂料或景观化，有效减少能耗。

五、设计人性化

客房的设计更注重人的感受，趋向于人文化的发展方向。如插座的位置更加精心设计，以方便客人的使用；坐椅将更加追求舒适感，至少应有方便移动的轮子，高低可以调节，以满足客人办公和休息的双重需要；照明的灯光既考虑美化环境，也兼顾阅读和工作的需要，具有足够的亮度等等。另外，还考虑到残疾客人的需要，在所有残疾客人可能抵达的楼层区域应无障碍设计，可能需要使用的设施应可自助使用，无须他人帮助，这也体现着一种社会的文明。

布局人性化可把卫生间移到窗边，扩大视野，采用玻璃隔断等，将“黑洞”式的卫生间透亮化，将枯燥单一寂寞的洗浴、座厕多元化。客房卫生间地漏严密，防止异味串入房间。客房窗户的设计将窗台下落，采用落地窗，既能观赏室外有景，又能多采室外自然光、多吸室外自然风。但落地窗要配可伸缩的遮阳棚或可调节的百叶窗帘，既美观又节能。窗户要能适度打开，便于客人和服务员每天能开窗户进行自然通风，去除房间异味和利用阳光进行消毒，减少机械通风，既省电又可大大降低室内有害气体。均不使用取电牌的形式，即方便宾客，有居家的感觉，同时保证房间电源的随时畅通，不存在不间断电源的概念，再者浴室内的排风系统能保证随时畅通；开关布置考虑得尤其周到，真正的人性化设计理念，方便宾客、就近原则是开关设计时遵循的其中之一原则，如请勿打扰、清洁房间的开关设计在入门处，避免宾客在床头操作时误按开关；床头边开关比较少，避免宾客误按，开关位置比床高 20CM 左右，方便操作。客房里的保险箱是必不可少的，要有合适的安放位置。放在壁橱地上，客人要蹲或趴在地上才能使用。有酒店在保险柜垫一个小柜子，虽然使用方便了，但却占了半个壁橱。日本大阪的丽嘉格兰饭店客房保险箱的设计可谓匠心独具，床头柜的下半部是一个抽屉，抽屉里面是一个保险箱，保险箱的门是向上打开的，所有按钮都在门上，操作非常方便，非常“人性化”。

六、房型多样化

随着饭店业的发展，一些有远见的饭店已经开始营造自己的特色，而客房的类型是其区别于其他饭店的一个重要的方面，由此，使得客房类型呈现多样化发展的趋势。如商务客房、会议客房、休闲度假客房、无烟客房、女士客房、儿童客房、残疾人客房、盲人客房、大床间、连通房等等。在客房类型趋向于多样化的情况下，饭店也逐渐形成了自己的特色，并尽力使自己所特有的细分市场上的客人满意。经济型酒店的客房面积比较小，一般不超过 20 ㎡，但床的尺寸够大，亦即“房小床大”，在有限的空间里为客人带来最大的舒适感。

为带给客人独特的体验，现在也出现了形形色色的主题客房。

（一）主题客房的概念

所谓主题客房，即在客房产品层面体现和强化主题。这种专门化的产品既形成酒店自身的经营特色，也带来特殊的客源层。

（二）主题酒店的一般类型

1. 自然风光酒店

此种酒店超越了以自然景观为背景的基础阶段，把富有特色的自然景观搬进酒店，营造一个身临其境的场景。比如位于野象谷热带原始雨林的深处的西双版纳树上旅馆，它的主题创意来源于科学考察队为了更深入的观察野象的生活习性。

2. 历史文化酒店

设计者在酒店建筑了一个古代世界，以时光倒流般的心理感受作为吸引游客的主要卖点。顾客一走进酒店，就能切身感受到历史文化的浓郁氛围。如玛利亚酒店推出的史前山顶洞人房，抓住“石”做主题性文章，利用天然的岩石做成地板、墙壁和天花板，房间内还挂有瀑布，而且沐浴喷洒由岩石制成，浴缸也是石制的。

3. 城市特色酒店

这类酒店通常以历史悠久、具有浓厚的文化特点的城市为蓝本，以局部模拟的形式和微缩仿造的方法再现城市的风采。如我国首家主题酒店深圳威尼斯酒店就属于这一类，酒店以著名水城威尼斯的文化进行包装，利用了众多可反映威尼斯文化的建筑元素，充分展现地中海风情和威尼斯水城文化。

4. 名人文化酒店

以人们熟悉的政治或文艺界名人的经历为主题是名人文化酒店的主要特色，这些酒店很多是由名人工作生活过的地方改造的。如西子宾馆，由于毛泽东 27 次下榻于此，陈云从 1979 年到 1990 年每年来此休养，巴金也曾在此长期休养，推出了主席楼、陈云套房和巴金套房，房间里保留着他们最爱的物品和摆设。

5. 艺术特色酒店

凡属艺术领域的音乐、电影、美术、建筑特色等都可成为这类酒店的主题所在。Madonna Inn 就有以电影《美国丽人》为背景的一种美国丽人玫瑰房可供选择。位于八达岭长城脚下的公社酒店则以独特建筑取胜，它是由亚洲 12 名建筑师设计的 11 幢别墅和 1 个俱乐部组成的建筑群，公社每栋房子均配有设计独特的家具，训练有素的管家随时可以为客人提供高度个性化的服务，住客可以在此充分体验亚洲一流建筑师在这里展现的非同寻常的建筑美学和全新的生活方式。

思　考

1. 酒店房型有哪些种类？房型设置的依据是什么？
2. 标准间的功能空间有哪些？
3. 客房的发展趋势是什么？

练　习

1. 列表，将客房功能空间构成、各空间主要家具、电器、备品、易耗品列出填入下表：

功能空间	家具	电器	客房备品	易耗品

2. 辩论。辩题：客房应该取消一次性消耗品。全班同学分成正反方，分别派出代表进行辩论。

3. 从自身出发，设想如果有专门为“90后”服务的客房，房间应该如何布置？应提供何种服务？

第三章　客房楼层接待服务

【导　语】

酒店被客人称为“家外之家”，要让客人真正感到“家”的温暖，我们就要提供令客人满意的服务。客房服务的内容主要包括楼层接待服务和房间清洁整理服务，在本章中，围绕楼层接待服务，要让学生掌握对客服务的模式，并清楚知道选择对客服务模式的依据。掌握客房常规、超常服务项目及其服务程序，针对不同的客人提供针对性的服务，并学会处理突发事件。

第一节 客房服务组织形式

一、客房服务模式

（一）楼层服务台

这是我国传统酒店对客服务模式，这也是很多地方公安部门对酒店的要求。但国外酒店以及国内中外合资（合作）酒店基本上都舍弃楼层服务台而采取宾客服务中心的模式。

1. 楼层服务台的服务流程

楼层服务台的服务流程如图 3－1 所示：

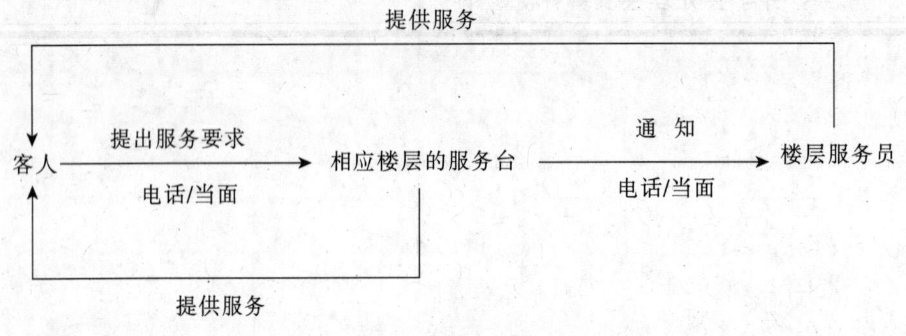

图 3-1 楼层服务台服务流程图

2. 楼层服务台的主要职能

楼层服务台的职能主要有以下三点，即：服务中心、联络中心、安全中心。

（1）楼层服务台是为本楼层客人提供服务的基地。

①迎送客人。楼层服务台负责欢迎新客的到来，向客人介绍客房设施设备及酒店服务项目；欢送离店客人，并为客人安排行李员协助运送行李。如广州白天鹅宾馆要求楼层服务员听到电梯铃响，要马上站出，在电梯口迎接客人，并向客人报楼层。白云宾馆要求服务员看到客人提行李出来准备退房或离开楼层时，要主动为客人接电梯等。

②应客人要求，随时进房为客人服务。如回答客人问询；为客人送茶、送水；收取客人待洗衣物等。

③处理客人的委托代办事项、电话留言及其他有关事宜，并为客人提供叫

醒服务。

(2) 楼层服务台是客房部与酒店其他部门的联络中心。

因工作需要，楼层服务台经常要与酒店其他部门发生联系，这些部门主要有：

①前台。一般情况下，客人办理住宿、离店手续时，要与前台互通情况。当客人办理住宿登记手续时，前台要通知楼层服务台做好接待准备。当客人迁出时，楼层服务台要进行查房，看看客房物品有无丢失、损坏；是否有客人的遗留物品；同时查看房内小酒吧酒水的使用情况，并将这些信息电话通知前台，前台接到这些信息后，方可为客人办理结账离店手续。另外，楼层服务员要立即通知客房清扫员，尽快将离店客人的房间打扫干净，并及时通知前台以备再次出租该房。

②工程维修部。当客房设施发生损坏或出现故障，如马桶不灵，电灯不亮，空调失控，电视图像不清，墙皮脱落、窗帘拉不上等问题时，可由楼层服务台通知工程部进行维修，使"OOO"房（出现故障的房间）尽快恢复正常。

③洗衣房。客房使用的布草以及待洗烫的客衣等都要送到洗衣房，这些物品在洗衣房与楼层服务台之间都要做好交接记录。

④餐饮部。客人需要饮食服务时，有时会与楼层服务台联系，这时楼层服务台应及时通知餐饮部门，协助餐饮部门做好饮食服务工作，特别是房内用餐服务。

(3) 楼层服务台是本楼层的安全中心。

安全工作是酒店管理工作的一项重要内容。酒店不安全事件大都出现在客房楼层。在楼层设立服务台有助于消除不安全因素。楼层服务台应妥善保管客房钥匙（无论是服务钥匙，还是客人的钥匙）。值台服务员还要随时掌握客人的动态，记住客人的姓名、特征和房号。密切注意楼层动静，做好来访客人的接待和登记工作。发现走廊里有可疑的人要上前盘问，及时消除不安全因素。此外，服务员还应提高警惕，注意消除楼层客房的火灾隐患。

【案例】小姐对不起

一天深夜，已近凌晨两点，客房部五楼的服务员小张像往常一样在安静的走廊里巡查。这时，一位漂亮的小姐扶着一位喝得醉醺醺的先生来到了某个房间的门口。看样子，这位先生又喝多了，前两天，小张也曾碰见过他喝醉的情况。今天这位先生可能喝得太多了，迷迷糊糊地摸出了入住宾馆登记卡，却怎么也找不到开门的钥匙卡了。小张主动上前查看过他的登记卡后，就替他开了门，帮着那位小姐将他扶进了房。一进房，客人就扑倒在床上呼呼大睡，人事不省了。小张看客人安顿下来，就等着同那位小姐一齐离去，因为她清楚地了解这间房的房态：这个房间只住了这位先生一个人。

谁知，那位小姐却磨蹭着不出门。小张立刻敏感地意识到这位小姐并不想离去，只好微笑着提醒她："对不起，小姐，您不是住这间房吧？"小姐有点吃惊，随即笑着说："我是他的朋友，留下来照顾他一会儿。"小张想："这怎么行呢，没有入住手续，又没有客人许可，不能让她单独和昏睡不醒的客人在一起。安全意识极强的小张马上向她礼貌地表示抱歉："对不起，您这样做是不符合我们的规定的，请您理解。"小姐有些无奈，便提出要拿走桌上的一个小皮包，称这是白天她放在这儿的。这也不行，客人已经熟睡不醒，没有得到客人的证明和许可，房间里的任何东西都不能被拿走，这是住店客人的权利。于是，小张对此也表示了抱歉："对不起，小姐，您的朋友已经睡着了，还是等明天他睡醒后，您再找他还给您吧。"这时候，那位小姐开始愠怒起来，对小张也颇有微词了。但是，小张仍然坚持不让她拿走皮包。因为小张知道，最大限度地保障住店客人的安全和利益在宾馆住宿时不受损害，尽量避免任何事故发生的可能性，是每一位服务员的职责。所以小张再次礼貌地向那位小姐解释，请她理解与合作，并提出，如果她执意要拿走那个包的话，可以先与他们的上级或是宾馆安全部协商。

那位小姐终于没有拿走那个皮包，悻悻而去。松了一口气的小张轻轻关上客房门。这件事要做好记录，并向部门领导汇报，明天，还要将今晚所发生的事向客人做个解释，她一边这样想，一边又继续开始了她认真的巡视……

第二天客人清醒后，客房部立即与他联系。当客人得知事情的经过后，非常感动，原来房间桌上的小皮包正是这位客人的，而不是搀扶他回房的小姐的包。由于小张高度的安全意识和严肃认真的工作态度，才避免了客人的财产损失，也维护了饭店的形象。

3. 楼层服务台的优缺点

（1）优点。

①具有亲切感。这是楼层服务台最突出的优点，也是最能体现、最能代表"中国特色"的优点。由于楼层值台人员与客人的感情交流，更容易使客人产生"宾至如归"的感觉。

②保证安全和方便。由于每个楼层服务台均有服务人员值班，因此对楼层中的不安全因素能及时发现、汇报、处理；同时，客人一旦有疑难问题需要帮助，一出客房门就能找到服务员，极为方便，使客人心里踏实。在以接待内宾会议客人为主的饭店里，甚至在一些豪华饭店里，楼层服务台仍受到客人们的欢迎。

③有利于客房销售。对于有关客人入住、退房、客房即时租用的情况，楼

层服务台能及时准确掌握，有利于前台的客房销售工作。

④能加快退房的查房速度。这样避免使结账客人等候过久，因而产生不愉快的感受。

（2）缺点。

①造成劳动力成本较高。由于楼层服务台均为24小时值班，要随时保证有人在岗，因此仅值台一个岗位就占用了大量的人力，由此给饭店带来较高的劳动力成本。在劳动力成本日益昂贵的今天，许多饭店淘汰这种服务模式的最主要原因即在于此。

②管理点分散，服务质量较难控制。分布在每个楼层的服务台势必造成管理幅度的加大，每个台班上的每个服务员的素质水平多少又有些差异，一旦某个服务人员出现失误，将会直接影响整个饭店的声誉。

③易使部分客人产生被"监视"之感。生活在现代社会的人们，尤其是一些西方客人对自身的各种权利非常重视，特别是个人的隐私权，因此，出入饭店的客人更希望有一种自由、宽松的入住环境。再加上有些饭店的值台人员对客人的服务水平缺乏灵活性和艺术性，语言、表情、举止过于机械化、程序化，更使客人容易产生不快，甚至感觉出入客房区域受到了"监视"。

（二）客房服务中心

为了使客房服务符合以"暗"的服务为主的特点，保持楼面的安静和尽量少打扰客人，客房服务中心的服务模式，首先在我国中外合资饭店出现，然后在其他饭店逐步推广。客房楼层不设服务台和台班岗位，而是根据每层楼的房间数目分段设置工作间。工作间在形式上是不对外的，也不担任接待客人的任务，而是由行李员引客人进房间，客用钥匙的管理也由前厅部的问询处负责。客人需要找客房服务员时，可以拨内线电话通知客房服务中心，由它通知客人房间最近的工作间的服务员（一般通过寻呼系统）。

1. 客房服务中心的服务流程：

客房服务中心的服务流程如图3－2所示：

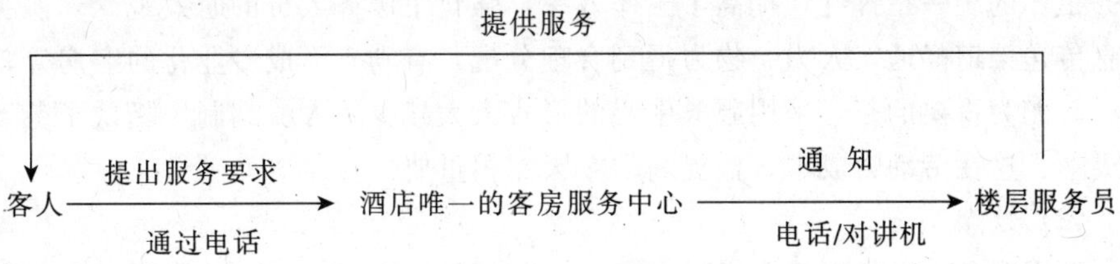

图3–2　客房服务中心服务流程图

2. 客房服务中心的职责

为了方便住客，客房服务中心实行24小时值班制，其主要职能如下：

①信息处理。凡有关客房部工作的信息，一般都要经过客房中心的初步处理，以保证有关问题能及时地解决和分拣、传递。

②员工出勤控制。客房部所有员工的上、下班都必须到此打卡、签名，既方便了考核和对客房服务工作的统一调控，又有利于加强员工的集体荣誉感。

③对客服务。保管和租借给客人用品，接受住客提出的各种合理要求，通知楼层服务员为客人提供及时的服务，同时还承担为VIP客人准备礼仪物品的责任。

④楼层万能钥匙的管理。用于清洁整理客房的楼层万能钥匙都由客房中心负责统一签发、签收和保管。

⑤与前厅部的联系。客房中心按时向前厅部接待处，通报客房情况，并及时核对客房差异情况。

⑥处理投诉。接受客人投诉，并及时进行处理和汇报。

⑦失物处理。提高失物招领的工作效率。

⑧档案保管。客房中心保存着客房部所有的档案资料，并及时补充和更新，为客房部以后的工作打下了基础，创造了条件。

⑨负责向工程部申报工程维修单。

⑩协调与其他部门的关系。

2. 客房服务中心的优缺点

（1）优点。

首先，从对客服务的角度来看，客房服务中心最突出的优点就是给客人营造了一个自由、宽松的入住环境；同时，使客房楼面经常保持安静，减少了对客人的过多干扰。另外，由于客人的服务要求由专门的服务人员上门提供，能让客人感受到了更多的个人照顾，符合当今饭店服务行业“需要时服务员就出现，不需要时就给客人多一些私人空间”的趋势。

其次，从客房管理工作的角度来看，采用服务中心的组织形式加强了对客服务工作的统一指挥性，提高了工作效率，强化了服务人员的时效观念。服务信息传递渠道畅通，人力、物力得到合理分配，有利于形成专业化的客房管理队伍。尤为重要的是，采用服务中心的形式大大减少了人员编制，降低了劳动力成本，这在劳动力成本日益提高的今天尤显重要。

（2）缺点。

采用服务中心的组织形式同样存在一些不足。比如：由于楼层不设专职服务员，给客人的亲切感较弱，弱化了服务的直接性；遇到一些会议客人、团体客人时，他们的服务要求一般较多，让客人不停地拨打服务中心的电话，必定会不耐烦。如果有些客人出现一些急需解决的困难，服务的及时性必将受到影响。另外，采用服务中心的组织形式对楼层上的一些不安全因素无法及时发现和处理，在某种程度上影响了住客的安全。

（三）客房服务中心与楼层服务台并设

随着客房管理的不断发展，不少饭店在设立楼层服务台和客房服务中心的过程中，逐渐感觉到这两种模式的不足，因而有越来越多的饭店把这两种模式很好地结合起来，在工作中扬长避短。由于白天楼层事务以及对客服务工作任务较多，楼层服务员的工作量较为饱和，这时楼层服务台配有专职服务员。而到夜间，大多数住客都休息，对客服务的工作也较少，一般可不安排专门值班服务员。如果客人需要服务，可由夜班服务员负责落实。夜班服务员在客房服务中心待命，当客人打电话要求服务时，夜班服务员要立即前往提供服务。具体情况应在服务指南中向客人说明。也有些饭店在某些楼层（如商务楼层）设服务台，其他楼层则采用客房服务中心提供服务的模式。

二、选择对客服务模式的依据

不同的客房服务模式在岗位设置、人员配备及服务规程出有较大的区别，因此，客房部管理者应根据客人的需要及饭店出的实际情况，选择合适的客房服务模式。不管是采用哪一种模式比较理想的应该是既体现饭店自身的经营特色又能受到绝大部分客人的欢迎。尽管饭店选择哪种服务模式很难有绝对的依据，在实际运作时，要考虑各种因素。

（一）饭店档次、客源结构

选择客房服务模式时首先应考虑饭店档次、客源结构等。如果饭店以接待会议团体客人为主，且又以内宾占大多数的话，楼层服务台的形式会更合适；如果饭店客源结构中外宾、商务客人占绝大多数的话，可采用客房服务中心的形式；如果客源构成复杂，则可考虑将两种形式结合，如白天设楼层值台，晚上由客房服务中心统一指挥协调。

（二）本地区劳动力情况

选择客房服务模式其次要考虑本地区的劳动力成本的高低。经济发达地区劳动力成本较高，饭店采用服务中心的形式相对就较经济。反之，则采用楼层服务台的比较适宜。当然这样的情况也不尽然，在有些大城市的豪华饭店里，由于当地劳动力市场的原因，可大量雇用内地城市的一些旅游院校的学生和内地打工人员，由于这些劳动力成本较低，饭店又能保持高档的人工服务，因此，可采用了楼层服务台的形式。

（三）饭店设备设施状况

选择客房服务模式还应考虑本饭店的设备设施状况。一般设备设施不够齐全或不够先进的饭店采用楼层服务台的形式较好；安全、通讯及其他设施较先进完备的饭店可采用客房服务中心的形式。

第二节　楼层常规服务

一、客房部对客服务项目的设立

根据《旅游星级饭店评定标准》规定，星级饭店客房部应提供以下服务。

一星级：

（1）客房、卫生间每天全面整理1次，隔日更换床单及枕套。

（2）16hs提供冷热饮用水。

二星级：

（1）客房、卫生间每天全面整理1次，每日更换床单及枕套；。

（2）24hs提供冷热饮用水。

（3）提供一般洗衣服务。

（4）应客人要求提供送餐服务。

三星级：

（1）客房、卫生间每天全面整理1次，每日更换床单及枕套，客用品和消耗品补充齐全。

（2）提供开夜床服务，放置晚安卡。

（3）24hs提供冷热饮用水及冰块和免费提供茶叶或咖啡。

（4）客房内一般要有微型酒吧（包括小冰箱），提供适量饮料，并在适当位置放置烈性酒，备有饮酒器和酒具。

（5）客人在房间会客，可应要求提供加椅和茶水服务。

（6）提供叫醒服务。

（7）提供留言服务。

（8）提供衣装干洗、湿洗和熨烫服务。

(9) 有送餐菜单和饮料单，18hs 提供中西式早餐或便餐送餐服务，有可挂置门外的送餐牌。

(10) 提供擦鞋服务。

四星级：除了提供三星级服务外，还应提供以下服务：

(1) 应客人要求随时进房清扫整理，补充客用品和消耗品。

(2) 提供客衣干洗、湿洗、熨烫及缝补服务，可在 24hs 内交还客人，16hs 提供加急服务。

(3) 有送餐菜单和饮料单，24hs 提供中西式早餐、正餐送餐服务，送餐菜式品种不少于 10 种，饮料品种不少于 8 种，甜食品种不少于 6 种，有可挂置门外的送餐牌。

五星级：在四星级服务的基础上，对洗烫客衣提出了更高的要求，即要求 18 小时提供加急服务。

白金五星：在五星级服务基础上，还应提供以下服务；

(1) 视音频交互服务系统（VOD），提供客房内可视性账单查询服务。

(2) 提供语音信箱服务。

(3) 24 小时提供加急洗衣服务。

总结起来，参照国家标准中对客房服务项目的提供要求，酒店应提供的客房服务项目包括清洁整理类的服务，如客房日常清扫、夜床服务等，以及楼层接待类的服务，如茶水、洗衣、小酒吧、会客、叫醒、留言、送房餐、擦鞋服务等。酒店可根据自己的实际情况对本酒店的服务范围作适当延伸、调整。

二、客房常规服务项目及服务标准

客房常规服务是指国家标准规定或在酒店出现频率较高、酒店已形成比较成熟的接待预案的服务，相当于“指定动作”。常规服务按宾客活动周期可分为客人抵店时的迎客服务；客人逗留期间的各项生活、商务及管家服务；客人离店时的送别服务。

（一）迎客服务

(1) 电梯铃响应迅速站在相应的位置上，双手交叉自然放于前方，面带笑容。

(2) 客人出电梯后，服务员应面带微笑，主动问候客人，并做自我介绍。

(3) 问清房号，并请客人出示房卡。

(4) 若客人无人陪同，服务员还应主动征求客人意见，帮助客人提行李，迎接客人进房。

(5) 在客人的侧前方1米处引领客人，途中可与客人适当交谈，介绍酒店服务情况并回答客人的提问。

(6) 到房门口后，放下行李，用客用钥匙按程序将门打开。

(7) 打开房门后，退到房门边，请客人先进入客房。但如果发现客房有不妥之处，应请客人稍等，立即与前厅部联系，以做调整。

(8) 按客人意见将行李放在合适的位置。

(9) 向客人简单介绍房内设施设备及其使用方法。若客人是长住客，或面带倦意则可省去。告知其客房服务中心电话号码。

(10) 祝客人居住愉快，面向客人退到房门，轻轻关上房门。做好相关记录。

(二) 送客服务程序

1. 客人离别前的准备工作

(1) 掌握客人离店准确时间。在得知客人的离店日期后，要记住房间号码，了解客人结账离开房间的准确时间。

(2) 检查代办事项，看是否还有未完成的工作。要注意检查单，例如洗衣单、饮料单、长话费用单等，必须在客人离店前送到收银处，保证及时收款。同时，要询问客人离店前还需要办理某些事情，如是否要用餐、叫醒服务，帮助整理行李等。

(3) 征求即将离店客人意见，并提醒客人检查自己的行李物品不要遗漏。

2. 送别客人

(1) 协助行李员搬运客人行李。

(2) 主动热情地将客人送到电梯口，代为按下电梯按钮，以敬语向客人告别。

(3) 对老弱病残客人，要专人护送。

3. 善后工作

(1) 迅速进房仔细检查。如有遗留物品，立即派人追送。来不及送还的，交客房部办公室登记处理。同时，还应检查客房设备和用品有无损坏和丢失。如发现损坏和丢失现象，应及时报告主管。

(2) 处理客人遗留事项。有些客人因急事提前离房，会委托服务员替他处理一些遗留事项，例如，来人来访，给有关单位打电话等。服务人员一定要一丝不苟地、忠实地替客人办理好这些事情，体现善始善终的对客服务的良好态度和行动。

(3) 迅速整理、清洁客房。

(4) 填写房务报告表。

知识链接

查走客房

据报道，目前国外一些知名酒店已经取消了查房制度，房间内小酒吧消费由客人自报。先不说这符不符合国内的现实状况，而在实际工作中，客人遗留物品的几率远大于其拿走或损坏酒店物品的几率，所以在现阶段查房还是必不可少的。酒店管理人员可以从以下几个方面来提高退房速度：

(1) 熟记正确的查房程序，做到"胸有成房"。按程序查房退房就不会丢三落四，不会造成客人已结账后才想起某物品还未查到。

(2) 分类别查房。团队房尽量团队与团队分开查，每个团队房整体查完后统一通知收银台。团队房和散客房一起退房时，先查散客房，团队房账目较多，有时不在同一楼层，退房程序比散客房较复杂，会造成让散客等得太久，甚至引起投诉。

(3) 加强前台与客房的衔接工作。房务中心接到总台的客人退房通知后，迅速传达到楼层服务员，楼层查房后将结果告知收银台。有时客人首先告知楼层将退房，楼层在查房后通知总台，总台应做好记录，避免重复查房。

有时在速度与准确率不能兼顾的情况下，宁可牺牲准确率也要提高速度。因为客人拿走客房物品的几率很小，不应该为了可能的1%去冒犯99%。

(三) 洗衣服务 (Laundry Service)

客衣服务流程：收衣→核对→打码→洗衣→叠衣、核对、包装→送衣

饭店向客人提供的洗衣服务，从洗涤方式上讲，有三种类型：即干洗(Dry—cleaning)、水洗 (Laundry Service) 和熨烫 (Pressing)。从洗涤速度来看，可以分为"普通服务" (Regular Service) 和"快洗服务" (Express Service) 两种，每种服务都要在规定的时间内完成，由于快洗服务会为洗衣房的工作带来不便，因此，需要收取一定的服务费，通常加急费用比普通服务费用高出50%。

1. 服务程序

(1) 查看交班记录，看有无洗衣交接。每天早上在规定时间收取客衣。如有脏衣物放置床上，但未放在洗衣袋内，也未填洗衣单，则不可自作主张收洗。当客人要求洗衣时，服务员应马上到房间收取。

(2) 收取客衣时，要注意检查有无洗衣单，凡没有洗衣单的衣服，请客人自已填写。注意清点衣物件数，仔细检查客衣有无破损、严重污迹，检查纽扣

有无脱落以及口袋内有无物品等，并签收，客衣快件等特别要求或特殊情况要在报表内记录准确。核对内容若与洗衣单所填内容有所偏差，应及时与客人说明并进行纠正。若客人不在房内，则可留下《衣物洗前检查情况表》。

(3) 核对洗衣单号、份数是否与客衣报表一致。

(4) 核算洗衣金额，将洗衣单及时报财务收银人账，以免漏账。

(5) 由收发员统一送洗，做详细记录，让洗衣部签收。

(6) 客衣送回后，按客人要求包好送至楼层，服务员按房号送至房间显眼处。

(7) 在送回给客人之前，要确保数量、房号正确，普通洗涤的送回时间不超过 8 小时，加快洗涤不超过 4 小时，贵宾衣物由领班亲自送交客人。

(8) 如污渍未清洗掉或不能接收客人洗衣时，则将洗衣情况说明书和衣物一起放人房间。

2. 客衣纠纷处理标准

(1) 纠纷原因分析。当客人提出投诉，引起客衣纠纷时，主管要正确分析纠纷原因。在客衣服务过程中，容易引起客衣纠纷的原因主要有：客衣丢失，衣物破损，污迹未洗净，纽扣丢失，客衣染色、褪色等。处理客衣纠纷，要查明具体原因，以便有针对性地处理。

(2) 客衣纠纷处理。发生客衣纠纷，同客人接触，听取客人意见时要主动、诚恳、有耐心。仔细检查洗后的客衣，了解客人的要求，在查清原因，掌握事实的基础上区别不同情况处理。凡属客衣洗涤过程中由饭店方面的原因引起的客衣丢失、洗坏、染色及熨烫质量差等客衣纠纷，应主动承担责任，该赔偿的赔偿，该修补的修补，该回洗的回洗，该回烫的回烫。若需赔偿，赔偿费用最高不超过洗衣费的 20 倍，具体数目双方根据具体情况协商解决。

凡属客人或客人衣物本身原因引起的洗坏、口袋物品丢失、污迹洗不掉等客衣纠纷，饭店不负赔偿责任，但应耐心解释。在客衣纠纷处理过程中要做到友好协商、事实清楚、原因明确、处理得当，使客人满意。

【案例】尴尬的洗衣

小王是一名四星级饭店的客房服务员。一天晚上 7 点，她接到客服中心紧急电话："807 房间有客人要求洗衣服务"。忙碌中，她迅速放下手头的事情，赶往房间。小王按照服务规程敲门后，房内无回应，于是她顺理成章地用楼层钥匙打开房门。经过查找，不错，椅子上确实有一件衣服，绿色的 T 恤，但房内灯光较暗且天色已晚，好像看不出有什么污渍；核对一下洗衣单，还是加急的，要求 4 小时内送回！小王丝毫不敢怠慢，火速将洗衣拿到工作台，拨通洗涤厂电话，要求立即前来收取洗衣。大约5分钟后，洗涤厂小刘急急忙忙赶到，经过双方签字确认，衣服被送往洗涤厂洗涤。

时间嘀嗒嘀嗒过去了。3个多小时后，小刘气喘吁吁地拿着洗好并包装精美的衣服送上楼来，递给小王，小王看了看时间，离要求的时间还差十几分钟，于是马上送入了客人房间。工作终于顺利完成，两人会意地笑了。

“你们四星级饭店，是怎么洗衣服的！好好的衣服怎么洗出来黄迹！叫我还怎么穿！你们必须赔我衣服！”第二天一早，客人怒气冲冲地指着衣服肩部的一抹黄渍向主管投诉着。刚刚上班的小王傻眼了：怎么会这样，黄渍从哪儿来的？

客房主管立即展开了调查：小王说收衣服时，光线比较暗，确实没有看清楚有无污渍；洗涤厂小刘说，衣服洗涤之前，本身就有一块污渍，并且是处理不掉的污渍；客人却说，他的衣服在洗涤之前，不可能有污渍……

污渍究竟是由哪方造成的？由于缺乏有效的证据，客房主管陷入尴尬。随后，只有和大堂经理共同与客人协商处理，可是，客人不依不饶，什么条件都不肯接受，只要求赔偿那件价值2000多元的衣服。

【点评】

洗衣服务是四星级饭店对客基本服务项目之一。本案例中，小王和小刘工作热情、积极肯干、时间观念也很强。但是，他们却忘记了饭店“四心”（爱心、热心、诚心、耐心）服务之外最重要的一心，即“细心”。

饭店品质的高低，服务质量的优劣，是通过员工不断创造的个性化服务体现出来的，而要创造这种满意加惊喜的服务，就必须做到“细心”——细心观察宾客饮食起居，细心留意宾客习惯行为等微小环节。

从本案例来看，只要细心些，问题不难被发现。

1. 客房部小王收取洗衣时，如果能够非常细致地查找洗衣是否存有污迹，就可以避免客人投诉：有污渍，及时向客人说明，可能会处理不掉，对于刁蛮客人不合理的投诉也能直面应对；没有污渍，小王心里自然有底，也便于查找出真正的原因。

2. 洗涤厂小刘同样缺乏细心精神：如果和小王书面交接脏衣时多一些细心检查，就能判断有无污渍，将小王的疏忽予以弥补；如果在洗衣之前多一个心眼，发现有难以处理的污渍，多给小王打一个沟通电话，也能避免投诉的发生。

知识链接：按照有关部门出台的《广东省洗衣洗涤消费争议解决办法》规定，衣物在洗涤过程如果是承洗方的差错造成客人衣物损坏、丢失的，承洗方应按不超过洗涤费20倍的额度赔偿客人损失。相对于客衣的价值，最高二十倍于洗涤费的赔偿额显然偏低，因此一旦出现洗涤差错，纠纷在所难免，甚至双方闹上法庭。有鉴于此，一种新的承洗方式出现了：保值精洗。这种方式是消费者持高档、名牌（价值在1000元以上）的贵重衣物，可与经营者书面约定采取特殊保值精洗服务，保值精洗费不得超过消费者报价（现场出示原始发票）的5%，而如果洗涤过程出了差错，承洗方愿意按衣物原价赔偿客人。采取这种方式，保障了客人的权益，酒店方也可以获得更高的洗涤收益。

（四）加床服务（Extra Bed）

（1）当服务中心收到前台加床通知后，尽快通知楼层服务员。若客人直接向楼层服务员提出加床服务要求，客房服务员应礼貌地请客人到前台办理相关手续。

（2）楼层客房领班及服务员同时在工作表上对加床的房间做好记录。

（3）服务员收到加床指令后，应准备床上用品和低值易耗品一份，及时补充到位。在加床时，若客人在房内，应主动征询客人意见，按客人要求摆放。

（4）加床服务的通常做法是晚上加床，白天为增加起居空间，可撤除加床，但如果客人有要求，也可保留在客房内，以方便客人白天休息。

有时候客房会出现加人现象。加人是指房间超出正常人数而又要求加床上用品（棉被等）时，须请示值班经理处理。如以加人处理，前厅按加床费用计，楼层加入床上用品和客需易耗品各一套。

（五）婴儿床服务（Baby cot service）

（1）客人携婴幼儿入住酒店，可提供免费加婴儿床服务。婴儿床只用于6岁以下婴幼儿。

（2）婴儿床及床上用品平时由客房服务中心保管，客人需要时，由服务中心送至相应楼层。

（3）检查婴儿床是否有损坏，特别是床四周的栅栏是否牢固，床脚（轮）处于活动或固定状态时是否正常，然后把婴儿床擦拭干净。

（4）婴儿床床上用品包括垫褥一张，毛毯（或棉被）一张、枕头一个、床单一张、被套一张、枕套一个。将垫褥铺于床内，上面覆盖床单；将被套套在毛毯（或棉被）上，叠好放于床尾；将枕套套在枕头上，放于床头。

（5）将婴儿床推进房间，大床房放于靠近窗户一侧紧贴成人床边，双床房放于两张成人床中间，以不影响客人走动为宜。

（6）加婴儿床的同时，给房间加入儿童澡盆、儿童衣架等物品。

（7）以上用品使用完毕回收时，注意彻底清洁消毒并做好防尘措施。

（六）客人遗留物品的处理（Lost & found）

1. 遗留物品的分类

（1）遗留物品根据遗留地点划分可分为三类：一类是酒店客人在房间的遗留物；另一类是到酒店消费或参观游览客人在公共场所的遗留物；还有一类是酒店员工在内部场所的遗留物。

（2）遗留物品根据价值和性质划分可分为贵重遗留物品、普通遗留物品和饮食品三种。其中贵重遗留物品是指金银珠宝、首饰、手机、手表、相机、电器等估计价值在人民币100元以上的物件及所有的现金、支票、有价证券和证件。

2. 遗留物品的收集与管理

（1）员工在酒店范围内拾获客人或员工遗留的物品，均应交到服务中心保管存放和造册登记。

（2）遗留物品的保管、认领处置由保安部和客房部共同负责。接收和退还遗留物品的工作由客房服务中心职员负责，但对物品进行清点、分类和存放时，保安部派人到场核对和确认。

（3）凡有遗留物品交到服务中心，服务中心职员必须在“遗留物品登记簿”上按要求做好登记和将资料输入电脑，分类将遗留物品存放在指定的位置。“遗留物品登记簿”登记项目包括，遗留物品的数量、质量、颜色、特征、时间、地点、拾获者姓名、工号等内容。一式两份，一份存底，一份连同遗留物品一起保存。

（4）未经许可，无关人员不得擅自查阅遗留登记资料及处理遗留物品。

3. 遗留物品的存放及保管期限

（1）贵重遗留物品存放在客房办公室的保险箱内，保险箱的两把钥匙分别由保安部和客房服务中心分开保管。

（2）普通遗留物品存放在服务中心的遗留物保管室。

（3）贵重遗留物品原则上保存一年，普通遗留物品原则上保存三个月，其他一些如水果、饮料、开封的食品等视情况保存三天到一个月可作作废处理。

（4）到期的遗留物品定期由市公安局拾遗处人员收走，这期间要办好相应的交接手续和文字存档工作，交接表上需有保安部和客房部经理的签名确认。

4. 遗留物品退还给客人服务规程

（1）店内住客。

①客房中心职员经查证核实住客的身份和遗留物品登记表的记录相符后，与客人联系，征询客人取回遗留物的具体时间。如有异议则要向客人解释清

楚，并及时向主管、经理反映处理。

②由客房中心职员负责按照客人所提供的时间要求，把遗留物品送至客人房间，让客人在遗留物品登记表上签收确认。

③遗留物品在送交客人前必须清点核实一次，面交客人时要逐项清点。

④在完成遗留物品的交接后，将客人的身份证或护照号码记录在遗留物品登记表上，由客人签名确认，并填写具体的交接时间。

（2）店外客人。

①根据客人来电查询或通过联系确认有遗留的物品，并征询取回物品的时间和途径，把所要办理的手续要求向客人解释清楚。

②由客房中心职员负责按照客人所提供的时间要求，事先把遗留物品和登记表核实准备好，同时在当天把客人要前来领遗留物品的时间信息告知大堂副理。

③接到大堂副理的通知时，由客房中心职员负责把遗留物品送到大堂副理指定的地点位置，并配合为客人办理有关领取手续。

④如客人委托他人代领，代领人须出示身份证和客人的委托书，并对照核实无误后方能办理代领手续。否则，要请示大堂副理和部门经理处理。

⑤在完成遗留物品的交接后，将客人的身份证或护照号码记录在遗留物品登记表上，由客人签名确认，并填写具体的交接时间。

5. 违纪处理

凡是因私留领占客人遗留物品（拾遗不报）引起不良影响的人员，除了追回私占物品外，要酌情给予严肃的纪律处分或开除。

（七）叫醒、留言服务（Wake—up call & Message）

1. 叫醒服务

客人通常都会通过总机电话叫醒，当电话无法叫醒客人时，由服务员进行人工叫醒，敲门报身份后说“您的早叫时间到了”。如无法敲开房门，则要考虑有无异常情况发生，及时通知领班及大堂副理后，根据具体情况进行处理。

2. 留言服务

客人外出时，通常会有关于他们去向的留言，以便让来访者及时取得联系。客房服务员在接收到此类信息时应及时做好记录，在交接班时交代清楚。若是访客给客人的留言，应尽快放入房间明显的位置上，当客人回来时还要口头再次提醒客人，以便引起客人关注。

（八）托婴服务（Baby—sitting Service）

（1）当客人外出需饭店帮助照看婴儿时，要根据饭店有无提供此项服务及时回复客人（一般三星级以下饭店无此服务）。客人需要提供托婴服务时，请客人提前3小时与服务中心联系，由服务中心递送《托婴服务申请表》请客人填写，并详细核对。

(2)《托婴服务申请表》或合同需填写客人的房号、姓名、托婴服务的时间、托婴服务地点的选择、婴儿的姓名、性别、年龄、健康状况、作息时间安排、喂食时间、特殊要求（饮食、穿戴、睡眠、习惯）、父母姓名、身份证件、联系方式、紧急情况联系人及电话号码，饭店看护方式和相关责任等，并让客人签名。

(3) 应告知客人托婴服务的收费标准，根据婴儿的年龄、健康状况、托婴时间及婴儿的人数可作适当调整，由部门经理确定。服务不足1小时按1小时计费。

(4) 及时联系看护专业人员，做好交接记录，让看护员签字。严格按合同规定看护好客人婴儿。

(5) 看护过程中有任何情况发生，要及时跟客人取得联系，不可自作主张处理。

(6) 服务中看护人员务必小心谨慎，不能离开婴儿，不能随便给婴儿吃东西，不让婴儿接近容易碰伤、刺伤的东西，不能把婴儿带离指定地点，如有意外，马上汇报。

(7) 客人回来后，看护人员应主动向客人汇报托婴服务过程及婴儿情况，交接完毕方可离开。如果到了托婴服务的预定结束时间，客人仍未出现，看护人员必须坚守岗位，有困难及时告知服务中心。

(8) 完成托婴服务后，及时通知服务中心，由服务中心处理有关费用。在交接本和工作报表上做好记录。

（九）擦鞋服务（Shoe－polishing Service）

(1) 通常在客房内都放有鞋篮，提示客人将要擦的鞋放入篮内。

(2) 若是客人叫擦鞋，则意味着客人要急用，在向客人确认需求时间后，停下手中其他事务及时为客人擦好。

(3) 收出的待擦鞋要用纸写清房号放于鞋内。

(4) 看到有要擦的鞋后，第一时间送到工作间，待急需清洁的房间做完后，便到工作间帮客人擦鞋，不可在客房内进行此项服务；擦鞋时用旧报纸垫在地上，以免把工作间地面弄脏。

(5) 用同色鞋油为客人擦拭，若无同色鞋油，则用无色鞋油擦，要擦净、擦亮。

(6) 擦干净的鞋放大房间适当位置，如床头柜下方或行李柜下方，并留“擦鞋服务已完成，请提出宝贵意见”之类的卡片。

(7) 提供此项服务是免费的，不可向客人索要小费。

(8) 注意下雨天的擦鞋服务，如鞋子太湿则要吹干后再上鞋油。

(9) 注意服务时间，尽量在短时间内完成此项服务。

(十)“迷你吧”服务 (Mini－bar Service)

《旅游饭店星级评定标准》要求，三星级以上的饭店客房内设微型小酒吧(包括小冰箱)，提供充足饮料，并置放烈性酒，备有饮酒器具和酒单。

1. 种类

高档次酒店的客房中配备迷你吧为客人提供方便，客人为解渴、消遣或招待朋友，不用出房门就可饮用自己喜欢的饮料。客房吧酒单提供的酒品有三类：

(1) 软饮料。软饮料需要冰镇，一般放在小冰箱里。通常包括苏打水、汤力水、矿泉水、橙汁、可口可乐、雪碧等。

(2) 烈性洋酒。通常选择烈性酒，如威士忌、干邑 VSOP、轩尼诗 XO、朗姆、伏特加、金酒等。这类酒装在 30ml 的酒瓶中，通常容量很小、便于销售。

(3) 小吃。为方便客人，客房吧酒单上还备有一些小食品，如腰果、开心果、炸土豆片、巧克力等。这些食品可放在冰箱里，也可放在冰箱上方的架子上。

2. 服务与管理程序

(1) 熟悉房间酒水的摆放数量及品种、摆放标准。

(2) 客房领班及服务员都有责任在进入房间时对饮品进行清点，特别是退房时酒水单上必须填写“检查员”、“日期”、“时间”、“房号”、“金额”及品种数量。

(3) 房间小酒吧的品种若有消费必须当天补齐，如因客人原因不能补齐，交班时应做详细交代。

(4) 对楼层备用酒水，客房领班和服务员必须对其数量做详细记录。

(5) 酒水单一式三联，两联送前台收款，其中一联作为记账凭证，第二联以备客人结账时查看，第三联则由客房部留存。酒水单由客房领班在客人签字后第一时间送前台收款记账，在退房时则应立即通知收款员“房号”及“金额”等重要内容。

(6) 客房领班凭酒水底单在小仓库领出房间消耗的饮品，并补充入房。

（十一）换房服务

（1）接到换房通知时，先到新开房间进行检查，核实无设备故障且卫生清洁合格后，通知前台，准备接受换房服务。

（2）到客人原住房，如客人允许可协助客人一起收拾行李；行李较多时，通知礼宾部上楼层搬运。

（3）帮助客人转房至新开房间，为客人倒好茶水，并向客人致歉。

（4）请客人休息，退离房间，轻轻将门关上。

（5）原客房如属于设施设备不正常而换房，则填写维修申请单，请工程部派人维修。维修后，进入客房将房间彻底清洁，然后通知前台销售。

（6）如维修需要很长时间，则按“维修房”处理，通知前台，封房维修。房内不用补充客用品。

（7）如不属于维修问题，则及时清洁后通知前台。

（十二）会客服务

1. 访客来临时，客人在房内

（1）当访客来临时，客房服务员首先应礼貌询问访客姓名、有无与住店客人预约及预约房号。

（2）请访客稍候，电话与住客联络，征得住客同意后，方能将住客房号告知访客或带访客去住客房间，不得未经住客同意随意将住客的房号、姓名告诉来访者。

（3）征得住客同意后，与访客办理相关登记手续。引领来访客人至住客门前，敲门通报，待住客引访客进入房间后离开。

（4）若住客拒绝见访客，应礼貌地表达住客之意，委婉地告知访客或请其留言。若访客无理纠缠，可通知上级管理管理里人员或保安部，以切实保障住客安全。

2. 访客来临时，住客不在房内

（1）询问有无预约，查看有无住客留言或留条，若有，核对“留言单”上有关事项，确认后按住店客人的留言处理，如住客外出，交代访客可在其房内等候，服务员应按客人吩咐做；若无留言，则应客人至大厅等候，当住客返回时，通知客人。

（2）为了住客安全，服务员不得私自为访客开门。

（3）若访客不愿或来不及等候住客回来，可请其留言，并填写留言单，住客回房时，转交住客。

（十三）借用物品服务

（1）客人因特殊需要借用客房没有配备的其他物品，由服务中心统一递送。

①客人借熨斗、熨板时，服务中心应先提醒客人酒店提供熨烫服务，如客人仍坚持借用，可让大堂副理与客人联系后再予借用。

②客人借暖风机时，服务中心应先提醒客人关掉冷气并表示可提供棉被，如客人仍坚持借用，可让大堂副理与客人联系后再予借用。

③客人借螺丝刀、大剪刀等利器、工具时，要婉转地询问用途以及是否需要工程部人员帮忙，防止出现盗窃、自杀、他杀等恶性事件。

（2）服务中心将借用物品的种类、件数、房号、借用日期、交还时间分别记录在中心备忘白板上和输入电脑中。

（3）借用物品要经检查，电器类物品还要经测试合格方可借出。

（4）借用电器时要提醒客人注意用电安全，其中熨斗要放在专用袋子里，内附《使用注意事项》。借用小件物品要使用托盘递送，提醒客人用毕尽快通知服务中心取回，然后让客人在《物品租借登记表》上签名。

（5）退房时，要留意借用物品是否已收回，提醒服务员注意检查。

（6）借用物品收回后要及时取消借用记录，检查完好程度并清洁，方便下次使用。

（7）常客借用物品，可编入客史档案，在其下次入住前先放入房间。

（十四）开门服务

（1）服务员为没带钥匙的客人开门，先礼貌地请客人出示房号卡。

（2）如客人没有房号卡，应礼貌地向客人表示道歉，然后请客人到前台领取房号卡，办理开门手续。

（3）如客人已持有房号卡时，应按如下程序逐一验证：

①核对房号。

②核对卡上的日期时间。

③有无住客姓名。

（4）如以上各项中任何一项不符，应请客人稍待，用电话与前台查询核实。

（5）房号卡确认后，方可为客人开门。

（6）服务员在工作表上记录开门的情况。

【案例】某大酒店客房部服务员小郑和往日一样，整理完工作车，便开始了一天的工作。小郑根据房态来到905房间打扫卫生，做床的时候，听到走廊内有人叫服务员。

她便立即放下手中的工作，快步走出房间。906房门口站着一位先生，手里拎着很多东西。小郑微笑着迎上去问候客人并询问有什么事需要帮助。站在906房口的先生说，他的一位朋友住在906，早上他打电话给我，让我把东西送过来，并在这里等他回来。

“先生，请问你朋友贵姓?”小郑微笑着问客人。“怎么，不信任我，”客人用质疑的语气反问小郑，并把手里提的东西往地毯上一放，从上衣口袋里掏出他的证件，伸到小郑面前，是警官证。小郑明白客人误解了自己的意思，但还是有礼貌地对客人笑着说：“先生，您误会了，首先，我对您是肯定的信任，但是您的朋友住我们的酒店，这个房间目前的所有权归他，如果不经他本人同意，我们是无权为任何人开门的。您想，如果这个房间是您的，而在您不在的情况下，我们服务员…”客人听完小郑的一席话后，脸上流露出了温和的笑容。他拿起手机拨通了朋友的电话，讲明情况，客人把电话递给了小郑。客人在电话里说：“小姐，谢谢你，我是906房间的客人，叫XX，麻烦你把房间门打开，让我的朋友进去，我马上就回来，谢谢。”挂断电话后，小郑对访客说：“先生，对不起，请稍等，我去拿钥匙。小郑借机打电话到总台，对906房间的情况再次进行了确认，并在最短的时间内来到了客人面前打开房门，帮客人把东西提进房间。放好东西后，小郑礼貌地为客人沏了一杯茶。放到客人面前。来访的先生微笑着对他说：“小姐，你这样对工作认真负责的态度，我的朋友在这里住，还有什么不放心、不满意的，谢谢你。”小郑听到客人的赞赏，心里感到十分高兴，并对客人说：“应该谢的是您，谢谢您对我们工作的支持和理解，耽误了您这么长的时间，实在抱歉，您先休息一下，喝点茶水，如有什么事情，可以拨打电话‘8686’，我们随时为您提供服务。”说完之后，小郑便退出房间，并帮客人带好房门，继续干自己的工作。

【评析】

1. 这是一个语言技巧服务的典型案例，展现了语言艺术的重要性。

2. 在案例中，访客在小郑的耐心解释下，由不高兴到认可，再到最后的赞扬，说明小郑恰如其分地做到言之有“礼”，言之有“理”的语言艺术!

3. 作为一楼层服务人员，在某种程度上担负着客人安全保卫的职责，小郑在安全方面有着极高的警惕性，在对客服务过程中很好地做到了这一点。

4. 在通过访客电话确认之后，小郑没有拿出钥匙给客人开门，而是礼貌地让客人稍等，并在最短时间内与总台联系，再次对409房情况进行确认，把工作做到最细处，不忽视每一个细节。

5.“让客人满意”是我们服务的宗旨。按规范化的标准程序达到客人最终的满意，就需要我们达到像小郑那境界。

（十五）代煎中药服务

（1）服务员发现客人在房间里煎中药，应请大堂副理与客人联系。

（2）服务中心接到大堂副理或客人要求煎中药的通知后，应问清楚房号，马上派人到房间收取中药，并让客人填写《委托代煎中药申请表》。

（3）申请表要让客人填写清楚房号、姓名、送药日期及时间、中药剂数、煎药要求，并让客人在委托声明上签名表示愿承担药效及由此引起的一切问题，然后经办人签上自己的姓名及日期。

（4）服务中心人员煎药时应严格按照客人的要求，讲究卫生，掌握好煎药时间，以免影响药效。万一不慎将药煎干，应向客人道歉并索取药方重买重煎。

（5）药煎好后倒入玻璃瓶，按客人要求准时送到房间，如遇房间挂有“勿扰”标志牌应先打电话询问客人。

（6）保留药渣至少24小时，将煎药壶彻底洗净。

（十六）客房送餐服务（Room Service）

送餐服务是指应客人的要求将客人所点之餐、饮送到客房的一种餐饮服务。常见的房内用餐有早餐、便饭、病号饭和晚餐等项目，其中以早餐最为常见。

提供送餐服务时，酒店要设计专门的送餐服务餐牌，摆放在床头柜或写字台上，上面标明送餐服务电话号码。另外，提供送餐服务，通知收取20％～30％的服务费。

房内用餐可以用托盘提供，也可以用餐车送上。送餐方式大致有两种，在大型饭店里，这项服务是由餐饮部负责；在另一些饭店，送餐则由餐厅服务员送到楼层，再由楼层服务员送进客房，采用这种服务方式的饭店，要求客房服务员必须熟悉菜单，并掌握一定的餐厅服务技能。

服务程序：

（1）当客人要求在客房用餐时，及时联系餐饮部准备食品。

（2）协助餐饮部送餐员工将食品送至客房内摆好，放好小方巾和纸巾。

（3）与餐饮部员工在交班本上记录好餐具数量及送餐时间。

（4）客人在房间用餐后，会将餐具放在房间，或直接放于楼层服务台或走廊；服务员在清洁房间时首先应将送餐服务所用的餐具送到服务间。

(5) 清洁完毕后打电话通知餐饮部来取餐具。

(6) 楼层服务员和餐厅服务员对每一套餐具做好交接，并核对数量，撤出餐具后，如数交给送餐的服务员。

（十七）冰块供应

许多境外客人，尤其是欧美客人比较习惯于在酒水中加冰块或饮用冰水。为适应客人的生活习惯，酒店应为住客提供冰块。为做好这项工作，酒店通常在楼层设有制冰机，房内配用冰桶、冰夹。客人有需要时，服务员可随时从制冰机取出冰块，送进客房。

（十八）报纸服务

为住客提供报纸，这是一项始于恺撒·里兹的豪华饭店时的举措，虽则现在电子媒介发达，报纸服务仍有它的生命力。对一般住客所送的报纸通常是根据其身份：如果是内地客人通常送酒店所在地的代表性日报，港澳客人提供《大公报》或《文汇报》，外国客人则送《China Daily》。如果是VIP客人，报纸的种类可能更多。仅送一份报纸时，报纸折叠成4开，露出报头；多于一份时，折叠成8开，呈扇形陈列，摆放在写字台上。

（十九）客人需要鲜花的处理

(1) 住客或顾客如向酒店要求转送鲜花，一般都会交由管家部负责。

(2) 住客或顾客将要求提出，管家部将计算出费用情况，并告诉客人收费标准。

(3) 当鲜花安排妥当后，便会送往指定地点。

(4) 住客或顾客须在酒店的杂项收费单，以示收取酒店的鲜花摆设或同间酒店已替他们转送，收费单一式二份，会送交大堂收银处，然后入住客的房单中，但是客人则需支付现金，转交大堂收银处收。

(5) 第一张单会由住客或顾客保留，每二张单由管家部保留，第三张单由大堂收银处保留。

(6) 所有单据必须保留，以便每月计算后呈交会计部核对。

【案例】“鲜花阵”缔造浪漫

广州市某著名的五星级酒店曾用花团锦簇的鲜花阵为客人缔造浪漫。一位澳洲客人偕同夫人来穗度假，恰逢女士生日，客人要求酒店为她妻子布置浪漫的环境，酒店一口承诺。客人抵达房间，首先看见房门口摆着一个用粉红色的玫瑰花扎成的巨大心形花环；写字台上有一束深红玫瑰；落地灯旁，是一个小小的花坛，花坛上是一层层织锦似的杂色玫瑰；餐桌上，有一只小花篮，花篮里放着各色鲜花，花丛中还摆着一支香槟；宽阔的大床铺上一层墨绿色的床罩，床罩上是一个占了半床大的花坛……这一天，客人的套房房价是180美元，鲜花阵及香槟共花去500多美元，客人却非常满意，专程致电感谢。

第三节　楼层超常服务

一、客房超常服务的概念

超常服务，顾名思义，就是在常规服务之外，特殊的、优质的、超值的、能满足客人个别需求的服务。它是规范服务的补充和提高。在酒店而言，如果说常规服务是“指定动作”，那超常服务就是“自选动作”。

酒店在常规服务的基础上，向客人提供超常服务，能让客人感到贴心、满意，并对酒店有深刻印象。

【案例】泰国东方饭店的服务之道

泰国的东方饭店的堪称亚洲饭店之最，几乎天天客满，不提前一个月预定是很难有入住机会的，而且客人大都来自西方发达国家。泰国在亚洲算不上特别发达，但为什么会有如此诱人的饭店呢？

一位朋友因公务经常出差泰国，并下榻在东方饭店，第一次入住时良好的饭店环境和服务就给他留下了深刻的印象，当他第二次入住时几个细节更使他对饭店的好感迅速升级。

那天早上，在他走出房门准备去餐厅的时候，楼层服务生恭敬地问道：“于先生是要用早餐吗？”于先生很奇怪，反问“你怎么知道我姓于？”服务生说：“我们饭店规定，晚上要背熟所有客人的姓名。”这令于先生大吃一惊，因为他频繁往返于世界各地，入住过无数高级酒店，但这种情况还是第一次碰到。

于先生高兴地乘电梯下到餐厅所在的楼层，刚刚走出电梯门，餐厅的服务生就说：“于先生，里面请”，于先生更加疑惑，因为服务生并没有看到他的房卡，就问：“你知道我姓于？”服务生答：“上面的电话刚刚下来，说您已经下楼了。”如此高的效率让于先生再次大吃一惊。

后来，由于业务调整的原因，于先生有三年的时间没有再到泰国去，在于先生生日的时候突然收到了一封东方饭店发来的生日贺卡，里面还附了一封短信，内容是：亲爱的于先生，您已经有三年没有来过我们这里了，我们全体人员都非常想念您，希望能再次见到您。今天是您的生日，祝您生日愉快。于先生当时激动得热泪盈眶，发誓如果再去泰国，绝对不会到任何其他的饭店，一定要住在东方，而且要说服所有的朋友也像他一样选择。于先生看了一下信封，上面贴着一枚六元的邮票。六块钱就这样买到了一颗心。

迄今为止，世界各国的约 20 万人曾经入住过那里，用他们的话说，只要每年有十分之一的老顾客光顾饭店就会永远客满。这就是东方饭店成功的秘诀。

二、客房超常服务项目及服务规程

（一）VIP 服务

VIP 即 Very Important Person，是指住店的非常重要的客人。

1. VIP 一般分为三个等级

A 等级：党和国家领导人，外国的总统、元首、首相、总理等。

B 等级：我国及外国的各部部长，世界著名的大公司董事长或总经理及各省、直辖市、自治区负责官员。

C 等级：

●各地、市的主要党政官员

●各省、直辖市、自治区旅游部门的负责官员

●国内外文艺、新闻、体育等界的负责人或著名人士

●各地星级酒店的总经理

●各地物资部门的负责官员

●国内外著名公司、企业及合资单位、外资企业的董事长或总经理

●与酒店有重要协作关系的企业的厂长或总经理

●酒店总经理要求按 VIP 规格接待的客人

2. 服务程序

（1）抵店前的准备。

①了解客情

客房服务员通过“贵宾接待通知单”了解客情，包括贵宾的姓名、国籍、职业、职务、年龄、禁忌、宗教信仰、生活习惯、客房种类及随行人员、接待单位、接待标准、付款方式、抵离店日期和时间以及客人的特殊要求等，以便

客人到达时，能够称其名、道其职并按其生活习惯安排工作，进而提供个性化服务。

②清理客房

客房应在贵宾抵达前 1 小时准备好，特殊身份的贵宾如政府首脑或部长以上的领导人等需要提前 4 小时或 1 天左右准备好。如果贵宾晚间抵达，还应提前做好夜床服务。

③布置客房

贵宾等级不同，相应的客房内物品配备也不同。通常，鲜花、水果以及总经理名片等为必放物品。客房服务员应协助花房、客房送餐服务人员将相应添加物品放入该房。下表为某酒店接待 A 级贵宾时客房内的布置规格。

表 3－1　VIP 房布置规格

品　名	规　格	数　量	摆放位置	备　注
鲜花	高档盆插	大小号各两盆	主卧室、写字台、客厅茶几、卫生间浴缸上	酒店花房提供，每日更换
晚间鲜花	藤编花篮	一篮	床头	酒店花房提供，每日更换
果篮	高档果篮	一篮	客厅茶几	进口水果，每日更换
酒水	进口红葡萄酒	一瓶	小酒吧台	配镀银冰桶及四只酒杯
欢迎点心	西点和巧克力	4 块	盛放漆器盘内，置于小酒吧台上	酒店定制，每日更换
晚间小食	夜床巧克力	一盒	床头	酒店定制
绿色植物	有生命	两盆	客厅、卫生间	视区域面积
欢迎卡	酒店贵宾专用	一张	鲜花上	总经理签名
浴袍	丝质、绣姓名	两套	衣橱、床上	酒店定制
易耗品	烫金	盒	卫生间	洗濑用品
	烫金，制姓名	张、件、	服务指南	信纸、信封、宣传页

④查房

为确保万无一失，要严格检查客房。贵宾房清扫整理完毕后，需经领班、主管、客房部经理、前厅部经理或大堂副理等按规格标准层层检查，以便及时发现问题并予以纠正，在客房部经理检查符合标准后封闭客房，禁止无关人员出入。

（2）贵宾住店期间服务。

客房服务员能用姓或职务尊称客人，并主动问候。

在提供各项客房服务时应优先考虑贵宾房，务必在客人最方便时进行服务，以不打扰客人的休息和正常起居生活为原则。

在客人外出期间安排小整理服务并及时更换客人用过的卫生间棉织品。

配合保安部做好安全工作，如服务中注意为客人保密，不将房号告诉无关人员等，对特殊身份的访客更要谨慎，以确保贵宾的安全。

注意客人身体健康变化，发现客人身体不适或生病，要立即报告上级并请医生探访，在生活上应给予特别关照。

（3）贵宾离店送行。

前厅部在确认贵宾离店时间后，至少提前1小时通知楼层服务员。

客人离开房间或楼层时，应向客人道别，为客人按下电梯按钮，客人进入电梯后，祝客人一路平安并欢迎再次光临，等电梯门关闭并运行到下一楼层访客离开。

迅速检查客房，检查客房酒水使用情况以及客房设施设备有无损坏，若有设备损坏，应通过大堂副理给予处理。除非是重大损失，一般不要求赔偿，以免客人造成不良印象。检查客人有无遗留物品，如有应尽快归还客人。

【案例】成功接待阿富汗总统

2006年上海合作组织峰会期间，紫金山大酒店成功接待了阿富汗总统卡尔扎伊一行。出于对穆斯林宗教信仰的尊重，更是为了让贵宾在进入紫金山的第一时刻就充分感受家的氛围，酒店按照阿富汗的宗教及风俗进行了客房的布置。

会议前，酒店特地上网查询了阿富汗的生活习俗和饮食习惯，还专门与有关方面取得联系，深入了解到一些穆斯林特有的生活习惯，并将之呈现在了客房的每一个角落。

阿富汗对自己的宗教信仰十分虔诚，每天要面向麦加方位礼拜。为了确保方位的准确性，房务总监带领着管理人员进行测量，他们先用指南针测量了每一间房间朝西的方向，然后根据这一方位在卧房的床头只做了显著的方向标志牌。总统的卧房内，还专门准备了朝拜用的地毯，方便卡尔扎伊总统行使朝拜礼。总统的房间内还特别准备了两个铜制的烫平壶，这可是穆斯林的专用品。为了便于宾客能作准确的时间内朝准确的方向进行朝拜，还精心制作了英文版的朝拜时刻对照表摆放在床头。同时，为保证房间的空气清新度，还专门放置了空气清新机。

为了更多地凸显出穆斯林的布置特色，他们在总统套房餐厅内还摆上了一对刻有阿富汗文字的小花瓶、一套印有同样文字的茶壶以及两个阿富汗玉的茶叶罐等，在博古架上特意摆上了一副穆斯林最为尊敬的、先知的穆罕默德出生的麦加清真寺的金箔。要知道，这些细微之处的摆设可是本地市场的稀有产品，是房务总监亲自咨询了许多厂家，并专赴外地才购买到。当总统及随从官员第一次踏进总统套房后，没有不被这些精心的摆设所吸引，尤其这副金箔画更让他们有了家一般的感觉。

阿富汗的国旗是红、绿、黑三种颜色，黑色在该国被视为高贵的色彩，因此客房的鲜花布置就定位在以阿富汗贵宾偏好的色彩上了。由于市场上鲜有黑色的鲜花，管家部刘经理为此几乎跑遍了整个上海市的花鸟市场，工夫不负有心人，最终找到了一种名为“黑色巧克力”的鲜花。于是，一盆以黑色鲜花托底，绿叶为衬，间配白色绣花球，头顶飘有红色火焰兰的美丽插花出现在总统套房的餐桌上，总统见到后就特别喜欢，赞不绝口。

除此之后，总统套房浴室内，他们准备了鲜花花瓣及熏香，用于总统缓解公物、会议之余的疲劳；衣橱内，配置了刷长袍的衣刷及质地相当柔软的拖鞋等。另外，还专门配置了一把精工木梳。说起这把木梳，可是管家部刘经理在看到总统的照片后特别配置的，是他一家一家木梳店去询问，花了好长一段时间才找到的。果然，总统每日出行前都不忘梳上那么几下，还特别提出能否将它带回国呢。

为了表示对贵宾的尊重，此次提供客房服务的一律为男性服务员。由于楼层班组男性服务员仅为 4 名，管家部就临时抽调了 PA 组的两名男员工，并挑选了两名精干的男性实习生担任贵宾楼层客房的清洁工作。经过一个多月的强化培训，一支由 8 名男子临时组成的“须眉服务班”，在贵宾入住期间，承担起 39～41 层共 66 间客房的清洁服务工作。由于人手少，工作量大，他们忙得坐都不敢坐，生怕一坐下去就很难再爬得起来了。累了往往就直接站着打瞌睡了，但只要看到宾客一张一张满意的笑脸，他们的心情却是像蜜一样的甜。

6 月 14 日中午时分，一阵阵“叮铃铃”的电话声传来，洗衣房经理放下手头的活儿，接起了电话。一番短暂的对答之后，他火速赶到了 40 楼，原来是阿富汗代表团一行要清洗和熨烫衣服。十几套西服必须在 2 小时之内洗烫完毕。正当他拿着几大包沉甸甸的洗衣袋回到洗衣房时，电话铃又响了起来，又有衣服要快速洗烫。就这样在接下去四小时的时间里，同样的电话一遍又一遍地响了起来，前前后后一共有 14 袋衣物被送进了洗衣房……

（摘自《饭店世界》）

（二）残疾客人服务

此类客人都是身体某一部分完全或部分丧失其功能作用，如肢残客人、盲人、聋哑人等。在客房服务中应根据残疾客人行动不便、生活自理能力差等特点，予以特别的照料。在服务中应注意以下几点：

（1）如饭店有残疾人专用房间的话，应尽量给客人提供此类客房。

（2）在客人进店前，根据前厅等部门提供的资料了解客人的姓名、残疾的表现、生活特点、有无家人陪同及特殊要求等，做好相应的准备工作。

（3）在客人抵店时，梯口迎接，问候客人并主动帮助提拿行李等物品。

（4）仔细地向客人介绍房内设施设备和配备物品，帮助客人熟悉房内环境，对盲人和视力不佳的客人，这点尤其重要。

（5）在客人住店期间，对其进出应特别关注，并适时予以帮助，如搀扶进出电梯、客房，提醒客人注意安全等。当客人离开楼层到饭店其他区域时，应及时通知相关部门有关人员给予适当的照料。

（6）主动询问客人是否需要客房送餐服务，并配合餐饮服务人员做好服务工作。

（7）应尽力承办客人委托事项，通过有关部门的协作及时完成并有回复，使残疾客人住店期间倍感方便、愉快。如客人需代寄邮件、修理物品等，要及时通知大厅服务处为客人办理，提供让客人满意的服务。

（8）对残疾客人的服务应主动热情、耐心周到、针对性强，并且照顾到客人的自尊心，对客人的残疾原因不询问、不打听，避免言语不当而使客人不愉快。

（9）当客人离店时，服务人员应主动征询客人的意见和要求，并通知行李员帮助客人提拿行李，送客人进入电梯后方可离开。

（三）病客服务

由于旅客来到这个陌生的地方可能因气候水土不习惯而患病，作为与住客量接近的客房服务员若发现住客生病，必须报告领班并写下记录，同时做好服务工作。

1. 客人伤病的处理

由于酒店配备专业医护人员的数量极少，所以应选择合适的客房部员工接受有关急救知识及技术的专业训练。在遇到客人伤病的时候，能协助专业医护人员或独立地对伤病客人进行急救。酒店还应备有急救箱，箱内应装备有急救时所必需的医药用品与器材。

任何员工在任何场合发现有伤病的客人应立即报告，尤其是客房部的服务员及管理人员在工作中，应随时注意是否有伤病客人。对直到中午十二点仍挂有“请勿打扰”牌房间的客人，要通过电话进房询问。电话总机也要注意伤病客人来电求助。

接到有伤病客人的报告，客房部管理人员应立即与专业医护人员或受过专业训练的员工赶到现场，实施急救处理。如伤病情况不严重，经急救处理后，或安排医生来出诊或送客人去医院，做仔细检查及治疗。如伤病情况严重的话，边进行急救处理，边安排急救车将伤病客人送到医院去治疗，绝不可延误时间。

事后应由客房部写出客人伤病事故的报告，列明病由、病状及处理方法和结果。该报告除呈报酒店总经理室外，还应存档备查。

2. 病客服务应注意的事项

(1) 如遇上旅客患上重病或急症，应立刻通知大堂经理及值班经理，把患病客人送到附近医院治疗，未到医院之前由驻店医生进行急救处理。

(2) 若发现客人休克或有其他危险情况时，应立即通知上级采取相应措施，不得随便搬动客人，以免发生意外，因为脑溢血、心脏病等病人是不能随便移动的。

(3) 若有客人要求服务员代买药品，服务员首先应婉言向客人说明不能代买药品，并推荐饭店内的医务室，劝客人前去就诊；若客人不想看病，坚持让服务员代买药品，服务员应及时通知大堂副理，并由其通知驻店医生到客人房间，由医生决定是否从医务室为客人取药。

(4) 在日常对病客的照料中，服务员只需做好必要的准备工作即可离去，不得长时间留在病客房间，病客若有需要可电话联系。

(5) 若发现客人有传染病时，应做到：关心安慰客人，稳定客人情绪；请驻店医生去为其诊断；确认后将客人转到医院治疗；客人住过的房间应请防疫部门进行消毒；彻底清洁客房，客人用过的棉制品及一次性用品应当销毁。

(四) 醉客服务

饭店中的醉客问题经常发生，而其处理方法也因人而异，有时非常困难，一般应视醉客之情绪，适时劝导，令其安静，部分醉客会大吵大闹或破坏家具，遇人就打，有些还会随地乱吐或不省人事等，应按其特征情节之轻重，分别处理，服务员遇上这样的问题时应当：

1. 发现醉酒客人

在楼层遇到醉酒客人，需核实其身份。如果证实是外来游荡的客人，应请其离开，通知保安部人员将醉客带离楼层，尽量了解其身份并通知家属。若是住店客则应安置醉客回房休息。

2. 视客人醉酒程度给予适当的服务

(1) 若客人饮酒过量但尚清醒，则应扶客人上床。征求客人同意后，泡一杯白开水或红糖水，帮助客人醒酒。将纸篓、面巾纸、开水、漱口水放在客人床边，以防客人呕吐，如呕吐过，对地面要及时处理。安顿好客人后，要经常注意房内动静以免家具受到毁损或因吸烟而发生火灾。

(2) 对因醉酒而大吵大闹的客人，在不影响其他客人的情况下一般不予以干涉；但若发现客人因神志不清而有破坏行为，则应通知保安部、大堂副理。如造成物品损坏，应做好记录，等客人酒醒后按规定赔偿。

(3) 若遇到客人倒地不省人事和有发生意外的迹象，如酒精中毒，应及时通知大堂副理，同时通知医务室医生前来检查，以保证客人的安全。

(4) 发现客人在房内不断饮酒时，客房服务员便应特别注意该房客人动态，并通知领班，在适当情况下，与当班其他服务人员或领班借机进房查看，千万不可独自进房及帮助客人宽衣解扣，避免产生不必要的误会及不可知后果。

(5) 对醉客纠缠不休要保持机警，必要时协助保安人员将其制服，以防干扰其他住客或伤害自己。

(6) 在日报表上填写醉酒客人房号、客人状况及处理措施。

【案例】客人在深夜醉倒

南方某宾馆，凌晨2点电梯在15楼停住，"叮当"一声门开了，一位客人踉跄而出，喃喃自语："我喝得好痛快啊！"口里喷出一股浓烈的酒气。这时夜班服务员小丁巡楼恰好走近15楼电梯口，见到客人的言语模样，断定是喝醉了，连忙跑去扶住他，问道："先生，您住哪间房？"客人神志还算清醒，即从口袋里掏出1517房的钥匙牌，小丁便一步一步把客人扶进房里。他把客人放在床上躺下歇歇，泡了杯醒酒茶，并将衬有塑料袋的清洁桶放在床头旁。客人开始呻吟起来，小丁赶紧把客人稍稍扶起，拿沏好的茶"喂"客人喝，同时安慰客人说："您没事的，喝完茶躺下歇歇就会好的。"然后他又到卫生间弄来一块湿毛巾敷在客人额上，说道："您躺一会，我马上就来。"随后退了出来，将门虚掩。

一会儿，小丁取来一些冰块用湿毛巾裹着进房，用冰毛巾换下客人额上的湿毛巾，突然"哇"的一声，客人开始呕吐了，说时迟，那时快，已有准备的小丁迅速拿起清洁桶接住，让他吐个畅快，然后轻轻托起他的下颚，用湿毛巾擦去他嘴边的脏物。小丁坐在床边又观察了一会，发现客人脸色渐渐缓和过来，就对他说："您好多了，好好睡上一觉，明天就能康复了。"他边说边帮客人盖好被子，在床头柜上留下一杯开水和一条湿毛巾，又补充一句："您如要帮忙，请拨15楼层服务台。"然后他调节好空调，取出垃圾袋换上新的，轻轻关上门离房。然后，每过10分钟就到1517房听听动静。天亮时，得知醉客安然无恙方才放下心来。最后在交接班记事本上写道："昨夜1517房客醉酒，请特别关照!"

（五）私人管家服务

目前，世界上许多高档的饭店设立了"私人管家"，在我国五星级的广东国际大酒店率先向海外客人推出了"私人管家服务"。私人管家是保姆，也是服务员，又是秘书，是饭店专门设置的为客人提供特殊服务的助理，专事料理客人的饮食起居，为客人排忧解难。客人进店，私人管家为他办理住宿登记，领客进房，端茶送巾，介绍情况。更重要的是客人住宿期间的外出交通、人事联络、商务活动、生活琐事，均由管家一手操办，直到送客人离店。在这里应该指出的是，"私人管家"这类个性服务决不是普通服务员能胜任的，私人管家要懂外语，会调酒、烹饪、熨衣、电脑、打字等各项服务工作，熟悉饭店的整套运作，还要具备公关能力、协调能力等，可谓"十八般武艺"样样精通。

由于私人管家的个性服务细致周到，体贴入微，深得客人信任，现在不少宾客都指定私人管家服务，而且许多重要的事情往往也交由管家去办。

三、特殊情况处理

（一）住客不断索要房间物品

遇到这种情况，服务员应告知领班记录下来，小量用品可以提供，若住客要求数量较大时，服务员应礼貌婉拒，例如，可以说"先生/小姐，我们很高兴您喜欢我们饭店的宾客用品，但我们每天根据房间数定量配备，备量不多，如您喜欢的话，等您退房时我们赠送一套给您做纪念，您看好吗?"待客人退房时可整理一套，包装好，送给客人。

（二）客人携带违禁物品进房

（1）违禁物品包括：武器（匕首、气枪等），易燃、易爆物品，兴奋剂、放射性物品或有刺激性气味的物品，带有不健康的书报、杂志。

（2）处理方法：

①服务员在清洁或服务过程中如果发现有违禁物品，须详细记录并及时上报，必要时请保安部出面处理。

②不得私自翻动客人的违禁物品，客人遗留的违禁物品严禁私自处理，更不准延时上交、上报。

（三）客人携带宠物进房

服务员发现客房内有客人私自带入的宠物时，不可直接指责客人，须礼貌提醒客人注意酒店有关规定，并记录其情况报告领班；如客人一天内仍没做出处理时，须报请大堂副理进行处理。

（四）客人遗失物品处理

在房间内遗失物品的处理。

①马上向领班汇报；及时安慰客人，并帮助客人回忆丢失物品的可能过程。

②查询电脑，掌握客人资料及开门记录，如无电脑开门记录，则检查服务员清洁报告上进出房时间。

③大堂副理和保安员一起查看门锁，判断门锁是否有问题或查看被盗房间迹象，并填写一份遗失报告。

④询问客人是否有任何线索可提供，如，有无到过其他地方，有无收拾行李，有没人来访过，有没有可能无意中遗失到什么地方等。

⑤征求客人是否愿意饭店人员帮他在房内寻找。如果客人同意，大堂副理、保安主管、楼层领班一起当客人的面在房内查找。

⑥如果客人财物不能找到，询问客人是否愿意报警，如果客人同意，让保安人员陪同客人到最近的派出所报案。

⑦如果客人在房内遗失的是信用卡、护照或机票，由大堂副理帮助和有关机构联系报失。

⑧如果经多方查找仍没结果，又无被盗迹象，则饭店无需向客人赔偿，但应向客人表示同情并作耐心解释，请客人留下地址、电话以便联系。

⑨如果客人提出赔偿，要向客人解释我们客房内设有单独使用的保险柜，前厅设有贵重物品保管，饭店不对任何在客房内遗失的财物做出赔偿。

⑩做好记录以备后查。

【案例】寻找机票失主

一天上午，漳州某宾馆服务员小周在清理某客房卫生时，在一张客人废弃的硬纸板夹层内发现了一张当天15：50厦门飞往杭州的机票，当即上报房务中心值班员小黄；小黄接到报告后随即又上报大堂副理小何，并特意强调是当天下午的航班。小何在第一时间接到客房服务员急匆匆送来的机票，时间是10：30分，客人早已退房，如果没有及时联系到客人，客人很可能会因此错过航班，客人在哪呢？怎么联系？

从机票上一定能找到信息，小何仔细看了看机票，果然看到“红凤凰旅行社”几个小字。几经联系终于得知机票是失主的漳州朋友陈先生代购的，小何与红凤凰旅行社约定两边同步与陈先生取得联系。

小何一遍遍拨打陈先生的电话，都无法接通，好不容易接通了，对方却不接电话……也许是陈先生此时不便接听电话，小何急中生智想到了发短信。

“陈先生，您好！我是漳州某宾馆前台，您的朋友黄某某遗留下了一张今天下午15：50飞往杭州的机票，现在前台大堂副理处，请帮忙联系！”为确保信息被对方接收到，小何连续发了5次这条信息。

黄先生来电话了！原来黄先生根本没有意识到自己已丢失机票，正在厦门逛街，接到陈先生的电话后这才连忙往漳州赶。看看时间是11：00还不到，小何这才放宽了心。

当一辆厦门的士车在宾馆总台前停下时，小何拿着早已用信封装好的机票急走出来，在与黄先生核对完有关证件后把机票交到了他的手中。不知是黄先生匆忙赶路，还是太激动了，半晌只说了一句：“多谢了！”

“请别客气，住在我们宾馆，遇到不方便我们会帮您解决，落下东西，我们会替您想办法归还，就像在家一样……”。黄先生只是一个劲地点头，他的眼神代表了一切。

【点评】

这是一则为给客人排急解难，急客人所急，想方设法，有效发挥沟通与协调，以用心做事的工作态度和一致性质量标准提供服务，最后把服务变成客人一次美好的心灵体验的经典案例。

有一部分客人入住酒店后，会把重要物品收藏在枕套里、床垫下、抽屉的夹层内等自认为安全的地方；也有一部分客人把票证、小物件不经意间随废弃物丢进垃圾筒里。这就要求服务员在清扫房间卫生时，多一分细心，多一分留意。本案例中的小周是位细心的服务员，正是她的细心，才能从客人的遗弃物中发现属于客人有价值的东西，也才有后续寻找失主的感人故事。

在体验经济时代，酒店千方百计通过服务为客人制造满意加惊喜的经历和体验，这就要求酒店服务员必须具有良好的职业素养。大堂副理小何是本案例中寻找机票失主的关键性人物，在处理客人丢失机票过程中表现了大堂副理良好的职业素养。她能从客人已退房无法联系到客人的山穷水尽中，在机票上挖掘潜在信息，把握了服务的主动性，使寻找工作进入柳暗花明阶段；她能从唯一的联系手段———手机无法联系到陈先生的情况下，转变联系方式，改用发短信联系。这种驾驭问题、变被动为主动的能力是难能可贵的。此外，从与红凤凰旅行社约定两边同步联系陈先生到连发 5 次同一短信再到事先把机票装入信封，无不表现出她工作上的用心和细心。

四、客房个性化服务

个性化服务通常是指服务员以强烈的服务意识去主动接近客人，了解客人，设身处地地揣度客人的心理，从而有针对性地提供服务。个性化服务分为两个层次，第一层次是被动的，是由客人提出非规范需求，前述特殊情况处理和超常服务就较多地体现了这一层次的个性化服务的特征。第二层次是主动的。个性化服务的内容相当广泛又琐碎，可大致归纳为五类：

(1) 灵活服务。这是最普遍的个性服务，根据客人提出的要求去做，以灵活的方式去尽量满足每一个客人的需求。

【案例】一天清晨，住在 3115 房间的陈先生被一阵柔和的电话铃声从睡梦中惊醒，原来是总机提供的叫醒服务，因为陈先生一早就要去机场。话务员在叫醒的同时，用甜美的声音关照道："陈先生，昨晚下了一夜的雨，今天早上天气较凉，请你多穿点衣服，祝你旅途愉快！"陈先生非常感动地说："谢谢你的关心！"

【点评】叫醒服务是一项再普通不过的常规服务，但为什么在案例中陈先生有那么高的满意度呢？关键在于话务员的服务不是按部就班的跟客人讲：先生您好这是你的 Morning call，而是体贴地给予客人提示，这就是一种灵活的服务。联想到高科技的光线唤醒，私人管家的在备好早餐、择好衣帽后走到床前的唤醒，司空见惯的常规服务完全可以个性化！

(2) 癖好服务。这是相对灵活服务来说更有针对性的服务。饭店建客史档案目的之一就是为有某种特殊癖好的客人在他未提、未想之前提供给他最喜欢、最需要的服务。

(3) 意外服务。指并不是客人本来就有的需求，但发生了意外情况，就要尽力帮助客人排忧解难。如病客照料。

(4) 电脑自选服务。随着电脑技术的发展，饭店许多个性服务通过电脑自选来完成。如个人留言、叫醒服务、点歌、点影视片、上网、赛马、炒股、结账、确认银行账目等，只要客人输入账户，就可以在客房内自由选择并处理。这种服务方式效率高、质量好，被称为“高效服务装置”。

（5）心理服务。这是以满足客人心理需要为目的的服务。有的客人有某种需求，却并未提出，属于隐含的需求。这就要求服务员要有一定的心理学知识，揣度客人心理，适时提供服务。做到服务于客人开口之前，满足于客人心理所想。

知识链接

心理服务选粹

服务员早上清扫房间进发现，客人将开夜床时已折叠好的床罩盖在床上的毛毯上，再看空调是23℃。这时服务员立即主动加一张毛毯给客人，并交代中班服务，夜床服务时将温度调到26℃左右。

服务员为客人清扫房间时，发现客人的电动刮须刀放在卫生间的方石台面上，吱吱转个不停，客人不在房间。分析客人可能因事情紧急外出，忘记关掉运转的刮须刀，这时，服务员要主动为客人关闭刮须刀开关。

服务员清扫房间时，发现床单、毛毯、床垫等各处都有不同程度的秽污。服务员马上意识到，是客人外出游因饮食不慎引起肠胃失调，应将所有脏的物品更换一新，还应通过楼层主管及时与导游联系，并通知医生及时治疗，让客人得以康复。

服务员清扫住房时，发现暖水瓶盖开着，不知是客人倒完开水，忘记盖好瓶塞，还是客人喜欢喝凉开水，故意打开瓶塞的？疑虑不解，难以断定。为满足客人的需要，服务员为客人送去了凉水瓶装满的凉开水；同时，暖水瓶照例又更换好了新的开水。

第四节　客人类型和服务方法

一、按旅游目的划分

（一）观光旅客

（1）特点。这类客人以游览为主要目的。日程安排紧凑、活动时间统一；店外活动较多，店内停留时间短。

(2) 服务方法：应根据其进出店时间，注意做好早晚服务工作。如早上叫醒服务要准时。

(二) 商务散客

(1) 特点。喜欢住在熟悉的饭店和曾住过的房间。对房间的设施设备要求很高，如先进的通讯设备，完备的商务中心，注重隐私。同时，希望客房的布置有特色而非千篇一律。消费水平较高，对服务要求高，希望饭店提供快速高效的个性化服务。

这类客人有公务在身，注重仪容仪表，常常要早出晚归；有的住客则在客房办公，住店时间一般较长。他们最怕打扰，工作时要求安静。来访客人较多。

(2) 服务方法。设置设备齐全的办公条件，包括宽大的办公桌、舒适的坐椅、充足的种类齐全的文具用品、先进的通讯设备（电脑、Internet 接口）、提供洗衣服务和美容美发服务、擦鞋服务。

(三) 休闲度假客人

(1) 特点。一般住店时间相对较长，消费水平较高，比较喜欢房间布置有家居氛围，服务要求比较多。喜欢有丰富多彩的娱乐项目，喜欢和服务员打交道，希望得到热情随和而非呆板、规矩的服务。另外，度假型饭店多为开放式建筑布局，客人度假都很放松，希望饭店在为宾客提供一个轻松自由的休闲环境的同时，能保证客人的人身财产，因而要求客房服务和管理工作外松内紧。

(2) 服务方法。服务要求比较多，包括洗衣、客房送餐、小酒吧、委托代办、托婴服务。

二、按宾客身份划分

(一) 体育代表团

随着各种国内、国际体育赛事的频繁举行，运动员也成为饭店经常接待的客源之一。

运动员入住一般人数较多，行动非常统一，他们在参加比赛前一般要聚集在一起进行战术研究，因此需要有宽敞的、配备录像设备的会议室。另外，紧张的比赛会使他们特别需要一个安静、舒适的休息环境，这就需要服务员在工作中坚持“三轻”，减少进入客房的次数，打扫房间要及时；同时还应配合饭店保安人员保护他们免受记者、“粉丝”的骚扰。

（二）新闻记者

由于职业关系，新闻记者的生活节奏较快，因此要求服务讲究效率，并且对服务比较挑剔。他们把房间既当卧室又当办公室。各种稿件、传真件、复印件比较多，东西摆放杂乱，希望房间有完备的通讯设施，齐全的办公用品，准时得到当天的报纸等。考虑到这类客人一般都比较敏感，服务方面要特别留意。

（三）政府官员

政府官员入住，服务及接待标准要求很高，重视礼仪，店外活动比较多，店内活动比较少，服务要求一般由随行人员传达给饭店，且经常会出现一些即时需要，要求饭店尽快作出反应，安排妥当。住店期间不希望服务人员过多进入客房。对安全要求极高，任何隐患都应绝对避免，要求有高质量的个性化服务。

（四）外国专家

这类客人一般受国内学术机构邀请来华作学术报告或有其他科研任务，有的则与国内厂家、企业有合作项目而长期住在酒店。他们多数是高级知识分子，接触上层人士多，工作废寝忘食，对图书馆及有关科研机构和科技报刊杂志感兴趣，平时话不多，但风趣幽默，一般住店时间较长，对礼仪要求严格，讲究身份地位，住房条件甚高。

对于外国专家这类客人，尽量安排高级僻静的客房给他们，最好带有会客室。平时不要打扰他们，尽量保持安静，用餐时要注意提醒他们。写字台和书房一般很乱，书籍很多，但整理房间时未经客人要求不要随便动。科技杂志和寄来的图书资料要及时送入客房。要外出活动时注意叫醒。有客人来访时要事先通知，做好茶水供应。

（五）长住客人

一般来说居住时间超过一个月的客人都称之为长住客人。他们大多为一些国内和国外商务客人。长住客人不仅将客房作为住宿场所，而且作为接待客人、办公、商务洽谈的场所，期望得到清洁、舒适、安静、安全以及热情周到的服务。

为长住客人服务，应注意以下几点：

（1）细心观察客人的生活习惯，熟知他们的房间、姓名、性格、爱好等。

（2）做好来访客人的接待工作。

（3）服务人员要相对稳定，以便客人熟悉，产生亲切感。

思　考

1. 客房服务员小陈在打扫走客房时在衣柜里发现了一条非常漂亮的围巾，经不住诱惑，看周围没人，她就偷偷将围巾塞进了口袋。不巧，正在检查的领班发现了此事，结果因小失大而丢了工作。

问：这一案例给你什么启示？如果你是服务员，你会如何处理客人的遗留物品？

2. 雨天客人从外面回来弄脏了地毯，服务员小安小声表示不满，后客人要求服务员擦皮鞋遭到拒绝，客人怒而投诉。假如你是该饭店的大堂副理，你如何按投诉处理的方法和程序处理此事？

练　习

1. 如果A级VIP将下榻你所在的酒店，作为客房部经理的你，将会从哪几方面安排好有关事项？（提示：涉及客房的布置、服务规程等内容）

2. 若残奥会指定你所在的酒店为运动员下榻的酒店，作为客房部有关人员，你将如何设计客房布置及安排有关人员的工作程序？

3. 实训题

要求学生将在见习或实习中所遇到的客房服务案例，或在书上看到的相关案例进行收集，并开案例分析会，共同讨论。

第四章　客房楼层清洁整理

【导　语】

客房清洁整理就是消除客房被消费的痕迹，使之回复到整洁的状态从而可以重新进行销售。本章讲述客房清洁整理的主要内容、工作流程和注意事项，通过本章的学习，读者应能掌握客房清洁整理的方法。

第一节 客房清洁整理概述

客人入住酒店后，客房属于客人的私人场所，因而他们对于客房的要求往往比较高。虽然客人在跨入酒店的同时已经形成对酒店的第一印象，但当其最后来到属于自己私人空间的客房时，这之前所有的印象马上被眼前的景观所取代。而客房的卫生状况是客人的感官评价要素之一。美国拉斯维加斯米高梅大酒店的一位客房部经理曾经这样说过："客房是酒店的心脏。除非客房的装修完好、空气新鲜、家具什物一尘不染，否则你将无法让客人再次光顾。"

一、客房清洁整理的流程及内容

在宾客与酒店发生联系的四个活动周期，客房部全程参与其中，在各个活动周期，清洁保养的内容各有所侧重。

（1）宾客抵店前，客房清洁整理处于准备阶段，主要包括心理的准备和物质的准备。心理准备，指的是服务员提前进入了服务角色，对客情掌握得比较齐备，清楚认识到清洁整理的基本方法和清扫过程应遵循的"金科玉律"。物质准备则包括提前布置房间，准备好自己的清洁工具，清洁剂、客用品、各种棉织品及其他用品，将物品按一定的格式摆放在工作车上，要求整齐、清洁、便于取放。

（2）宾客抵店时，客房部主要提供楼层迎宾、送茶水香巾等工作，属于楼层接待服务范畴。

（3）宾客逗留期间，也是客房的清洁整理的实施阶段，具体内容包括客房的例行大扫除、夜床服务等。

（4）客房清洁的检查阶段。客房的自查是非常有效和重要的，许多在清洁工作中，遗漏的环节和物品及房间内其他问题都可能在自查中被悉数发现，发现后及时改正错误、补充，通过自查将客房的标准又提高一步，避免一些不必要或粗心造成的失误，从而减少客人的投诉。

二、客房清洁整理的心理准备工作

（一）掌握客情

客房部服务员要熟知客人的姓名、房号、生活习惯、禁忌、爱好、宗教信仰、外貌特点等情况，以便在接待服务中有针对性地提供优质服务。其中，服务员应了解自己所要清扫客房的不同状况，亦称房态。下面列举了主要房态类型。

(1) 住客房 (Occupied，简写 OCC 或 O)。表示客人正在租用的客房。由于宾客的使用情况、要求等不同，住客房又有下列状态：

①请勿打扰房 (Do Not Disturb，简写 DND)。表示该房客人不愿被服务人员或其他人员打扰。

②请即清扫房 (Make Up Room，简写 MUR)。表示该客房的住客因会客或其他原因需要服务员立即清扫客房。

③外宿房 (Sleep Out Room，简写 S/O)。表示该客房已被租用，但住客昨夜未归。为了防止发生逃账等意外情况，应将此种客房状况及时通知总台。

④无行李房 (No Baggage，简写 N/B)。表示该客房的住客无行李。同样应及时把这一情况通知总台，以防逃账的发生。

⑤轻便行李房 (Light Baggage Room，简写 L/B)。表示该客房的住客行李数量很少。为了防止逃账，应及时通知总台。

⑥贵宾房 (Very Important Person，简写 VIP)。表示该客房的住房是饭店的重要客人，在饭店的接待服务过程中应优先于其他客人，给予特别的关照。

⑦长住房 (Long Staying Guest，简写 LSG)。即长期由客人包租的客房，又称之为“长包房”。

⑧加床房 (Extra Bed，简写 E)。表示该客房有加床服务。

(2) 走客房 (Check Out，简写 C/O)。主要有：

①准备退房 (Expected Departure，简写 E/D)。表示该房住客应在当天中午 12 时以前退房，但现在还未退房的客房。这种客房应在客人退房前先进行简单的整理，等客人退房后再作彻底的清扫。

②未清扫房 (Vacant Dirty，简写 VD)。表示该房住客已结账并已离开客房，但还未经过清扫，服务员可以按规定进房整理。

③已清扫房 (Vacant Clean，简写 VC)。表示该客房已清扫完毕，并经过检查可以重新出租的客房，许多饭店也称之为 OK 房。

(3) 空房 (Vacant，简写 V)。即指昨日暂时无人租用的 OK 房。

(4) 维修房 (Out Of Order，简写 OOO)。亦称待修房或故障房，表示该客房因设施设备发生故障，暂时不能出租。

(二) 掌握客房清扫的基本方法

为了避免重复劳动及意外事故发生，提高工作效率，确保客房清洁保养的质量，服务员必须掌握客房清扫的基本方法：

(1) 从上到下。在清洗卫生间和房间抹尘时，应采用从上到下的方法进行。

(2) 从里到外。卧室地毯吸尘和擦拭卫生间地面时，应从里到外倒退着进行。

(3) 环形整理。即在房间抹尘、检查房间和卫生间的设备用品时，应从房门口开始，按照顺时针或逆时针方向绕圈进行，这样可以避免出现卫生死角或重复整理，既省时、省力又提高清洁卫生的质量。

(4) 抹布干湿分用。应严格区分擦拭不同家具设备及物品的抹布，做到干湿分用。例如，房内的灯具、电视机屏幕、床头板、音控板等处只能用干抹布，不能用湿抹布，否则易发生危险或污染墙面等。

(5) 抹布折叠使用。擦拭家具设备、物品时，不论是干抹布，还是湿抹布，都应折叠使用，这样可以提高抹布的使用率，有利于提高清扫速度，保证客房清洁卫生质量。

（三）了解清洁整理过程的注意事项

(1) 进入客房应严格遵守进房的有关规定。如客人在房内时，应礼貌地询问是否可以清扫客房，征得同意后，方可进房。清扫过程中动作要轻，速度要快，不能与客人长谈；如果客人有问话，应注视客人并作回答；如客人不同意清扫客房，则应将房号和客人要求清扫的时间写在工作表上，以免遗忘。

(2) 清扫客房时，客人的文件、杂志、书刊等可以稍加整理，但不能弄错位置，更不准翻看；客人的物品如照相机、计算器、笔记本、钱包之类不能随意触摸；女性用的化妆品即使用完了，也不得将空瓶或纸盒扔掉。总之，除放在纸篓里的东西外，即使是放在地上的物品，也只能替客人做简单的整理，千万不要自行处理。

(3) 客人放在椅子上或床上的衣服，外衣可挂衣柜里，内衣、睡衣简单折叠后放在床上；女宾住的房间，不要轻易动其衣物；擦拭衣柜、行李柜时，不要将客人的衣物弄乱、弄脏，也不要挪动客人的行李，一般只要擦去大面积的灰尘即可。

(4) 若发现房内有大量现金，服务员应及时通知领班，由大堂副理在保安人员及领班的陪同下，将房门反锁，等客人回来后，由大堂副理开启房门，并请客人清点现金，提醒客人使用保险箱。

(5) 清扫客房时，若房内电话铃响，为了尊重客人对客房的使用权，维护其隐私权，服务员不能接听电话。

（6）为住客房更换热开水时，应注意水温不低于90℃，换进的水瓶应擦拭干净，不能有水渍。如房内使用电热水瓶，应每天更换新水，防止水碱产生。

（7）房内有客人时，可将空调开到中档或征求客人意见，如果客人已将空调开到某一刻度，应尊重客人，不能重新调整开关。

（8）在清理客房时，若客人回来，服务员应先礼貌地请客人出示客房钥匙或房卡，确定是该客房的住客后，询问是否可以继续整理，如果可以，应尽快清理好，以便客人休息；如不可以，应及时退出。

（9）清理客房时，如果发现客人在房内使用电器或烧香拜佛，应礼貌地劝阻客人，向客人说明存在的不安全因素；并及时将情况报告领班或大堂副理。

（10）若房内有加床，整理完毕后，应添加一份客用品，不能遗漏。

（11）客房整理完毕离开时，若客人在房内，要有礼貌地向客人表示谢意，然后退一步再转身离开客房，并轻轻地将房门关上。

三、客房清洁整理的物质准备工作

1. 房务工作车（做房车）的准备

服务员的工作车就像是一个修理工的工具箱，要具备清洁客房所需的全部物品，这样可以节省时间，加快清洁房间的速度。一般每车辆应装满做半天工作量所需的物品，工作车上的物品不可过载，如负荷太多东西，在清洁过程中会损坏或丢失。

（1）将一部做房车取空，放置在楼层的工作间内；

（2）以半湿毛巾将全车内外清洁干净；

（3）将垃圾袋及布草袋分别挂在车身两端的挂钩上；

（4）放布草于架内，须先解开所有的捆绳，重物在下，轻物在上以方便工作，具体方法为：

①先将床单，枕头套放进最底层架；

②把较重的浴巾类放在中间层，如：浴巾，脚巾；

③把手巾、面巾、工作布放在上层架。

（5）将房间及浴室供应品放在前，较贵重的物品勿存放于当眼易取之处，不要放置过贵重物品；

（6）放置适当清洁用品于清洁桶，须检查各类清洁用品是否齐全，并保持桶及各种用品清洁，放在垃圾袋下；

（7）冰壶应加上冰块，放在布草袋下；

（8）做房车用完后，要补回布草或供应品，每天下班前都要将做房车锁上。

2. 吸尘器的准备

星级酒店客房的铺地材料多选用地毯，清洁整理铺地毯的客房必须使用吸尘器，因此准备吸尘器也是主要的物质准备工作。服务员要检查吸尘器是否清洁、电线及插头是否完好，集尘袋是否倒空或替换过，附件是否齐全完好，把电线绕好，不可散乱。

其他的零散的所需物资，如房间消耗物品、固定物品、酒水等，适当准备。

第二节 客房清洁整理

宾客在酒店逗留阶段，客房清洁整理工作全面展开，主要工作内容包括房间大清扫、夜床服务、计划卫生。

一、敲门进入客房的程序：

凡进入客房前，先要在外敲门，并报“客房服务员”，其原因为：

A. 保障住客的私隐；

B. 防止困窘事情发生；

其程序如下：

（1）以手指背在门上轻敲三下，并用适当的声音说：“客房服务员，请问可不可以进”，以引起客人的注意。

（2）站在门前适当位置，面对防盗眼约 5 秒钟，等待住客的回应。

（3）如没有回应，则用同样方法再次敲门并报原因。

（4）如仍没回应，则有四种可能性发生，当我们开门后。

①发现客人仍在熟睡中，或正在浴室中，这时，应轻声关门然后离开。

②如发现客人刚睡醒，未及更换衣物，应说：“先生/小姐，对不起”，然后离去。

③如客人已醒并换好衣服，则应说明理由：“先生/小姐，对不起，请问现在可否清洁房间?”

④如房间内没有客人，则可立即清洁房间。

（5）如果客人有回应，则应说：“先生/女士：请问可否现在清洁房间?”

（6）如你当时正在检查房间，则应说：“先生/女士：对不起，房间检查”。

（7）如果门上整天挂着“请勿打扰”牌或有双锁之标志，房务员应报告给楼层领班或当值管家，不可随意敲门。

（8）从防盗眼可以留意有否人影走动，用耳朵细听是否有人声或水声，物件移动的声音。

（9）开门时要用手按住门锁手柄，锁匙轻轻动门锁，慢慢推开门，留意防盗链是否扣上，关门是亦要手按门柄，轻轻关上。

二、走客房清洁程序

对比各种房态的房间，通常走客房的清洁要求是最全面、最彻底的，其他房态的房间的清扫与走客房清扫类似或只是走客房清扫当中的若干环节，因此我们重点了解走客房的清洁程序就可以举一反三了。

（一）进房

（1）按照进房的程序开门进房，将房门敞开，直到该客房清扫完毕。开门作业的目的有三：显示房间处于工作状态；利于房间通风换气；避免意外发生。

（2）为方便服务员工作，方便走廊上其他客人行走，保护客人财物安全，应将房务工作车横放在客房门口，工作车开口朝向客房。调整好位置，用工作车堵住房门，但不要靠牢墙壁，以防撞坏墙面。一般留一人侧身能通过的距离即可。

（3）调整空调开关。进房后先将空调开关关上，同时检查空调开关是否正常。也有的饭店因为采用全封闭空调系统，为了节约能源，一般不要求开窗，反而应打开空调开关，通过新风系统保持房内空气流通。

（4）拉开窗帘，打开窗户。每天清扫客房卫生时，应拉开窗帘、打开窗户，使房内光线充足、空气流通，拉窗帘时应检查帘子是否有脱钩或损坏现象。也有的饭店因其为高层建筑或使用落地大窗，为了客人安全，将窗户上锁，不要求开窗，一般通过空调新风系统保持房内空气流通，但房内有异味时除外。

（5）检查所有灯具。打开房间各种灯具的开关，检查灯具是否有故障，检查后随手将灯关上，只留卫生间灯。一旦发现灯具有损坏，应立即报修。

（6）观察房内情况。检查房内有无客人的遗留物品、客房设备用品有无丢失或损坏。如发现问题应及时报告管理人员。

（二）撤床

（1）拉床。服务员站在床尾，屈膝下蹲，用手将床架连床垫慢慢拉至容易整理的位置。

(2) 撤被套。将羽绒被从被套开口处拉出，放置在圈椅上。注意被子不能掉在或放在地上。

(3) 撤枕套。打开封口，双手执枕头套角，将枕芯抖出，或一手执枕头套角，一手轻轻地把枕头从枕套中拉出。同时检查枕下有否客人的遗留物品，如有应及时处理；检查枕头上，如有污渍则应单独放置，以做适当的去渍处理。

(4) 撤床单。从床尾部位开始将床单从硬垫与软垫之间拉出，抖动几次，确认里面无衣物或其他物品。同时要注意床垫、床单有无破损、污渍等，若有，要单独放置，以便处理。

(5) 撤走脏布件。按规定的程序将脏床单、枕套放入房务工作车上的布件袋内，带进相同数量的干净布件放在一边待用。在做床过程中，若房内有两张床，先撤一张床，将羽绒被、枕头放在圈椅上，脏布件可暂放在撤空的床角；撤另一张床时，将被子、枕芯等放在第一张床上，最后将棉织品全部一次性拿出去，并注意不要离自己的脸太近。

【案例】客房实习生小张每次清扫房间换床单时，为了省事总是把床上撤下的床单和被套迅速地揉成一团，直接扔进布草袋内。

一次，宾客厉先生退房后又回到酒店询问是否发现他房内床铺上有份文件，这份文件非常重要厉先生很着急，要求一定要找到。房间是小张清扫的，但就是因为平时不注意，这一回也不能确定是否有文件夹在收走的床上用品里，所以只好在一大堆尚未清洗的棉织品里重新检查寻找，最后好不容易在脏布草堆里发现了厉先生的文件。虽然找回了失物，但厉先生还是很不满意，耽误了他的时间不说，他认为这文件也挺显眼的，为什么服务员就没注意到呢？

【点评】这种麻烦本来是可以避免的，因为客房服务员如果按照做床规范操作，将床上用品逐一拆除，轻轻抖单并认真检查，应该会很容易觉察到有没有裹进其他物品如客人的首饰、衣物、文件等。本案例中小张的违章操作，将客人遗留物品裹进了床单，未能及时发现。所幸床单还没有被做清洗，如果万一真的放到洗衣机里被搅一搅，文件成为碎屑，那将给宾客带来多大的不便和不愉快啊？也将直接影响到酒店声誉。在这里提醒一下，工作中一定要严格要求自己，努力使宾客离店时留下的是赞许而不是遗憾。

(三) 整理器皿

(1) 如果客人在房内用过餐，则先将房内的送餐车、餐具等移至指定地点，以便房间送餐部的同事前来收取。

(2) 将烟灰缸内的杂物倒入垃圾桶内；放入卫生间备洗。清理烟灰缸时必须检查烟蒂、火柴棍有无熄灭。如有，应熄灭后再倒。

(3) 撤换脏的茶具、饮具、酒具，倒空热水瓶或电热水壶。把茶具、饮具、酒具放到工作车上的指定位置。

(四) 收拾垃圾

将纸篓内的垃圾连同桌面、地面及其他地方收拾起的垃圾一起倒进房务工作车上的垃圾袋内，同时用抹布将纸篓里外擦拭干净，换上干净垃圾袋，将纸篓放置于写字台右下侧（或左下侧），距写字台边沿约10cm，距离墙壁25—30cm。如果纸篓较脏时，应先在卫生间洗净，然后用抹布擦干再放回原处。收集房内报纸、杂志，将其撤出房间，视情况作为垃圾或遗留物品处理。

【案例】楼先生吃完午饭回到房间，立即着手收拾行李准备退房离店。但进入卫生间一看，自己带来的毛巾、牙刷以及牙膏不见了踪影。由于同行的人已在大堂等候，没有时间再找服务员问个究竟，只好匆匆收拾好行李来到大堂。

当楼先生在总台结账时，顺口与总台收银员谈起这事，没想到收银员十分重视这一情况，立即打电话向楼层反映，得到答复是：整理房间的服务员是根据做房表注明该房间为“本日退房”记录，误以为客人遗留的毛巾、牙刷等已不再使用，于是当作废弃物处理了。总台收银员如实转达了楼层的答复后问楼先生怎么办，楼先生并没有因为这些价值无几的物品被丢弃而表示不满，倒是以比较轻松的语气说道：“既然这样就算了，我总不能因为这一点点损失和你们酒店计较吧？不过，这给我去下一个城市住酒店带来不便，因为我始终有使用自己毛巾和牙刷的习惯。”在一旁的总台接待员马上将楼先生的遭遇写在了《旅客意见记录本》上。这一举动被在场的楼先生看在眼里。楼先生露出了笑容，开玩笑地说：“但愿以我的一点损失，能给其他旅客上一道财产险吧。”

【点评】本案例的结局是轻松的，当然这是因为客人的损失不大。也正因为本案所丢弃物品价值不高，所以更容易引起服务员的疏忽大意。现在提倡客房不提供易耗品，或即使提供易耗品，也提倡有偿消费，以此促使客人尽可能自带洗漱用品，达到环保目的。当然更多的客人也许出于对酒店提供的洗漱用品质量或卫生的怀疑，或出于客人本身的使用习惯，客人自带洗漱用品的现象越来越多。在这种情况下，酒店则应当相应的要求服务员根据房态，认真地甄别某些物品是否为客人自带品，以及是否还在使用中或是否可成为遗弃物，以免客人遭受不应有的损失而不满，甚至导致酒店向客人赔偿。

本案例中，为楼先生整理房间的服务员没有细心观察。在房间里尚有客人其他行李的情况下，应十分容易判断其洗漱用品仍可能在使用中，而将其用品当作“走客房”的遗弃物处理，未免草率。现在许多酒店对“续住房”的易耗品实行“增新不撤旧”的做法，即仍然可以使用的易耗品不撤，而新的照样要添补（免费供应情况下，添补新的以示没有克扣应有消费量）。在此情况下，同样要求服务员必须留意哪些易耗品该丢弃，哪些该保留。任何一种服务方式或工作方法的变化，作为管理者都应当要预见到服务员可能因老习惯而产生的失误，必须相应的加强“适应性”、“针对性”的培训和督导。

（五）清理卫生间

（1）进入卫生间，打开换气扇，将清洁桶置于卫生间地面中央。

（2）放水冲净恭桶，在恭桶内喷上恭桶清洁剂，注意不能将清洁剂直接倒在釉面上。

（3）撤走用过的布件，包括体重秤的毛巾套、客人用过的浴衣，放入工作车上的布草袋内。

（4）撤出垃圾，放进工作车上的大垃圾袋中，换上干净垃圾袋。

（5）将烟灰缸、皂碟清洗后放回原处。

（6）擦洗面盆、浴缸、恭桶、地面所需使用的抹布皆应分别备好。如果抹布不洁，应先清洗干净放在一边待用。

（7）清洗面盆和梳妆台。在海绵上倒上适量清洁剂，擦洗面盆、梳妆台以及水龙头等金属器件，用清水冲净，用抹布擦干水迹，再擦亮金属器件。

（8）清洗浴缸。先关闭浴缸活塞，放少量热水和清洁剂在浴缸中，用浴缸刷清洗浴缸内外、墙壁、浴帘、金属器件，打开活塞，放掉污水，再用清水冲洗墙壁、浴缸，等水流尽后，用抹布把水迹擦干，不能留有任何污渍和水迹。

如果卫生间没有浴缸，只有淋浴设施，在清洁时，只要在海绵上倒适量清洁剂清洗淋浴喷头、水龙头、墙壁、地面等即可，再用清水冲净，抹布擦干。

（9）清洁恭桶。用恭桶刷刷洗恭桶内壁，放水冲洗干净，用专用抹布将恭桶外壁、盖板、垫圈以及水箱等抹净擦干。

（10）卫生间抹尘。准备好干、湿抹布，从卫生间门开始依次用半湿抹布擦拭卫生间门的内外、镜面、洗脸台四周瓷壁、电话副机、吹风机、体重秤等，再用干抹布将镜面、金属器件擦亮。

（11）将干净布件按规定方法折叠、摆放。面巾一般对折挂在面巾架上；浴巾折叠好齐口朝外放在浴巾架上；地巾对折，挂在浴缸沿上（无浴缸可不放）；方巾可以折叠好放在梳妆台上。浴衣可挂在卫生间门背后或衣柜里。摆放时店标均应朝外。

(12) 按标准补充卫生间各种低值易耗品，并按规定摆放整齐。卷纸放在卷纸架里，外露部分折叠成三角形，一般要求把消耗品正面（或有店名的一面）朝上或朝外，以方便客人使用，至于具体的摆放，各饭店都有相应的要求，应充分体现个性。

(13) 清洁地面。用专用湿抹布从里到外，沿墙角平行擦净整个地面。

(14) 检查有无遗漏之处。

(15) 撤走清洁用具，关掉电灯和换气扇，将卫生间门虚掩。

(六) 铺床

鉴于西式铺床的方式的弊端是造成宾客入睡时的不方便和不舒服，讲究宾客至上，服务第一的酒店越来越普遍地采用了中式铺床，这种方式虽则美观度比西式床稍差，但大大方便了宾客就寝。中式铺床的操作程序、方法如下：

(1) 整理床：在撤布草的过程中，有可能使床垫移位，护垫翘角，要按顺时针方向去整理将它们复位，注意：保护垫的正面要朝上，无污渍及毛发。

(2) 铺床单：铺床单分为三个步骤来完成。

甩单：用左手抓住床单尾部商标，右手抓住床单尾部打松，并将其抛向床尾位置，然后右手抓住床单头分别身左右两边打开床单。

开单：两手相距约80－100cm（视床单中线确定）距离，手心向下，抓住床单头按在床垫约30cm处，然后将床单提起约70cm高度，使空气进到床尾部位，呈鼓起状，身体稍向前倾，用力将床单甩出去，当空气将床单尾部推开的瞬间，顺势调整将床单往床头方向拉至下垂35cm。

包角：先包床头，将床头下垂部分的床单掖进床垫下面，包右角，左手将右侧下垂的床单拉起折角，右手将右角部分床单掖入床垫下面，然后左手将折角往下垂拉紧包成直角，右手将角下垂的床单掖入床垫下面，包左角与包右角相同，床尾左右角包法与包床头左右角一样。

注意：整张床单铺完后床单的正面在上，床单商标在床尾，中线居中，开单要一次定位，床单要包紧，且四个角都要成直角。

(3) 入被套：入被套分为三个步骤来完成。

取被套把被套打开于床面，再叉开被套入口，面向上，底向下；

将折好的棉被取到床尾，要分清被尾（有商标的为被尾）左手分三折抓紧被头，并抓紧两个被角向被套顶两个角位伸进，先把左边被角对齐左边被套角，然后把右棉被角对齐套住，顺着棉被边与被套边拉下；

接着可按身高拉直或抛出，让棉被尽量与被套符合，把入好的棉被正中放于床上，入好的棉被要求平整，棉被不能有皱折，两边长度一致自然垂直，不能鼓起，被尾要离地毯 20 公分，被尾两个角翘起为标准。

(4) 套枕头：将枕芯平放在床上，两手撑开枕袋口使其进入空气，将枕芯放到枕袋口，左手提起枕袋口上边缘，右手将枕芯对半折顺势塞到枕袋里去，然后双手各提住袋口，边提边拌动使其全部进入，最后将超出的枕芯部分的枕袋掖入枕芯里面把袋口封好。

(5) 放枕头：枕头靠床头平放居中，放好的枕头必须四周饱满平整且枕芯不外露。

(七) 抹浮尘

(1) 按顺序使用抹布擦拭床板、椅子、窗台、门框、灯具及桌面，达到清洁无异物。

(2) 使用消毒剂擦拭电话。

(3) 擦拭灯具时，检查灯泡瓦数是否符合标准、有无损坏，如有应立即报更换；保证所有房内的家具、设备整洁。

(4) 擦拭各种物件后，随手将用过的茶、酒具和客用物品放到工作车上。

(5) 用吸尘器从里往外，顺方向吸净地毯灰尘。

(6) 不要忽略床、桌、椅下和四周边角，并注意不要碰坏墙面及房内设备。

(7) 及时准确地用清洁剂清除地毯污渍。

(八) 补充物品

补充房间和卫生间里替换下来的备品、消耗了的易耗品。既然是清洁走客房，只要客人用过的客房备品一律更换，包括杯具和布草；易耗品则视消耗的程度和酒店的规定决定是否更换，一般来说六小件等易耗品会换掉，但面巾、卷纸等可视剩余量予以保留继续供下一位客人使用。物品摆放的位置也要按照酒店的标准执行。

(九) 房间和卫生间（吧房）吸尘

(1) 房间地毯吸尘，先从窗台处云石地板开始，注意把尘机的耙头调整至毛刷凸出，以免磨花地板及损坏耙头。

(2) 在房间地毯吸尘时，要注意统一方向，理顺地毯毛，不要忽视边角位及床底的吸尘。

(3) 吸卫生间地板的毛发及尘粒，注意先把吸尘器的耙头调整至毛刷凸出，以免磨花地板及损坏耙头。

（4）完成吸尘后要注意电源线理顺绕好并摆放整齐。

（十）环视一周自查

（1）喷空气清新剂，注意朝出风口向上喷洒。

（2）把窗纱拉合，并把中间两扇木板门向两边拉开。

（3）如住房要根据客人的习惯把放在房内的鞋子整齐地成双摆放，并把报纸、杂志整理摆放好。

（4）把空调调至规定的位置上，并环视一周检查房间、卫生间的整理情况。

（5）关闭房间总开关，取下“正在清洁房间”挂牌并将房间轻轻锁上，在日报表上填写完成房间清洁的时间。

（十一）填写登记日报表

就是在客房清扫日报表（如表2－2所示）上登记进离房的时间、做房的内容、补充客用品的名称及数量。一定要如实填写，因为日报表既是服务员的工作凭证，也是酒店进行用品控制的原始资料。

三、晚间开床服务程序

（1）先敲门，确定无客人方可开门进入。

（2）亮着所有房灯；关好窗帘。

（3）清理所有餐车及餐具，放回工作间中。

（4）收集杯子及烟灰缸，置于洗手盘洗；清倒垃圾桶，半垃圾倒进房品车的垃圾袋中。

（5）将放在床上的东西放在一旁。

（6）开床；取走床旗，将床旗置于规定的地方（壁橱、抽屉里）；打开床头一角，将被子向后折成一个三角形；拍松枕头并将其摆正。如有睡衣应叠好置枕头上。按规定在床头或枕上放上晚安卡、早餐牌、小礼品之类。

（7）将住客的睡衣或睡袍放在枕头上。

（8）将早餐挂牌放在枕头上，将送给客人的GOOD NIGHT巧克力放在早餐上，将住客开床前床上东西放回。

（9）如有两张床或是大床，只需要靠近电话那一边。

（10）将住客衣服挂进衣柜里，整理房内散布的杂志等物件。

（11）清理杯子及烟灰缸，放回原处。

(12) 如客人已经使用过沐浴设施，清洁浴室及厕所；如客人未曾沐浴，将地巾（脚巾）摆放在沐浴室门前或浴缸前的地板上，浴帘拉至半开位置，浴帘下摆，放入浴缸内。

(13) 更换住客用过的浴巾及其他物品；检查及补充迷你酒吧。

(14) 最后视察房间是否整洁；出门口灯及开的那一边外，其余的灯全熄。

(15) 关闭房门，然后离去。

四、计划卫生整理

客房日常清扫过程中，天花、高处的灯管、门窗、玻璃、墙角等处不可能每天清扫。这些地方的清扫服务一般通过计划卫生，即定期循环方式来完成。搞好计划卫生要注意两个方面的工作：

(1) 制订计划卫生日程。计划卫生一般每周循环一次，对日常清扫不到的地方通过计划日程每天或隔天清扫一部分。

(2) 认真做好计划卫生清扫工作，计划卫生涉及范围广，高空作业时间较长，做好清扫服务要注意三个方面：

A. 准备好卫生用具。包括干湿擦布、清洁剂、刷子、安全带等。具体用具物品要根据日程安排的内容来确定。

B. 注意安全。如清扫门窗玻璃、天花板，以高空作业为主，站在窗台上擦外层玻璃要系好安全带。清扫天花板墙角或灯管，要用脚手架或凳子。要注意安全，防止事故发生。

C. 保证质量。客房某一部分的计划卫生间隔时间较长，清扫时必须保证质量。如客房四角的墙围、门窗玻璃、外檐等处。只有保证质量才不致影响整个房间卫生，适应客人需要。

第三节　客房清洁质量管理

客房清洁质量的优劣可从三个环节落实管理：事前有标准，事中有控制，事后有检查。

一、事前有标准

客房清洁的实施者是楼层服务员，清洁质量的优劣首先体现在服务员的工作上。事前有标准，意味着树立清洁卫生达标的衡量标准，使得服务员明白他的清洁整理要取得什么样的效果。这种效果体现在：

（一）服务设施规格化

服务设施是客房提供优质服务的物质基础。俗话说“巧妇难为无米之炊”，没有规格化的服务设施，提供优质服务就是一句空话。规格化的服务设施主要包括两个方面：

（1）设施配备必须齐全。从服务设施规格化的要求来看，主要设施设备包括：床铺、床头柜、办公桌、沙发椅、小圆桌、沙发、地毯、空调、壁灯、台灯、落地灯、音响、壁柜、电视机等，这些设备齐全而且摆放位置准确。

（2）设施质量必须优良。客房上述设施和设备，就其数量而言，各客房基本相同；但就质量而言，而因客房等级规格不同而区别较大。设备质量优良的具体要求是：造型美观，质地优良，风格、样式、色彩统一配套，注意种种等级、各种房间的同一种服务设施保持一致，不能给客人以东拼西凑的感觉，以此反映客房的等级规格。

（二）服务用品规范化

客房服务用品是直接供客人消耗的，同样是提供优质服务的物质基础。如果服务用品配备不全，质量低劣，就不能提供规范化的优质服务。客房服务用品规范化的具体要求是：

（1）客用一次性消耗物品必须按规格配备，保证需要。客房客用一次性消耗物品是每天需要补充的。这些物品配备要根据间/天客房消耗定额，保证质量优良。

（2）客用多次性消耗物品必须符合配备标准，及时更新。客房的床单、枕套、毛巾、浴巾等棉织品和烟缸、茶杯、玻璃杯等要根据客房的等级规格配备。

二、事中有控制

控制服务员清洁整理的管理者主要是领班和主管。酒店制定标准作业流程（SOP），使服务方法规范化，服务过程程序化，管理层参照 SOP 对员工的服务过程开展监控，进一步确保清洁整理的质量不会发生偏差。

三、事后有检查

建立完善的检查制度和标准。

（一）制度

检查客房又称查房，一般来说，客房部的查房实行的是逐级检查制，查房制度应包括以下内容：

1. 服务员自查

服务员在整理客房完毕并交上级检查之前，应对客房设备的完好、环境的整洁、物品的布置等作自我检查。这些在服务员的日常工作程序之中要予以规定。它的好处有：

（1）加强员工的责任心。

（2）提高客房的合格率。

（3）减轻领班查房的工作量。

（4）增进工作环境的和谐与协调。

2. 领班查房

通常，一个早班领班要带 6～10 名服务员，负责 60～80 间客房的区域，要对每间客房都进行检查并保证质量合格。鉴于领班的工作量较重，也有些酒店只要求其对走客房、空房及贵宾房进行普查，而对住客房实施抽查。总之，领班是继服务员自查之后第一道关，往往也是最后一道关。因为他们认为合格的就能报告前台出租给客人，所以这道关责任重大，需要由训练有素的员工来担任。

领班查房的作用有：

（1）拾遗补漏：由于繁忙、疲惫等许多原因，再勤勉的服务员也难免会有疏漏之处，而领班的查房犹如加上了双保险。

（2）帮助指导：对于业务尚不熟练的服务员来说，领班的检查是一种帮助和指导。只要领班的工作方法得当，这种检查可以成为一种岗位培训。

（3）督促考察：领班的普查也是促进服务员自觉工作的一种策动力，想侥幸过关是不明智的。领班的检查记录是对服务员考核评估的一项凭据，也是筛选合格服务员的一种方法和手段。需要强调的是：领班查到问题并通知员工后，一定要请员工汇报补课情况并予以复查。

（4）控制调节：领班通过普查可以更多地了解到基层的情况并反馈到上面去，而酒店管理者又通过领班的普查来实现其多方位的控制和调节。领班检查工作的标准和要求是上级管理意图的表现。

3. 主管抽查

为了实施对领班的管理和便于日常工作的分配调节，许多酒店都设置了主管职位。查房制度应保证主管抽查客房的最低数量，通常它是领班查房数的10％以上。此外，主管还必须仔细检查所有的贵宾房和抽查住客房。主管的抽查也很重要，它是建立一支合格的领班队伍的手段之一；同时，它可以为管理工作的调整和改进、实施员工培训和计划人事调动等提供比较有价值的信息。

4. 经理查房

这是了解工作现状、控制服务质量最为可靠而有效的方法。对于客房部经理来说，通过查房可以加强与基层员工的联系并更多地了解客人的意见，这对于改善管理和服务非常有益。客房部经理还应在每年至少进行两次对客房家具设备状况的检查。在美国旧金山的凯悦摄政酒店，其总经理彼得·戈德曼每周要会同其客房部经理、房务总监和总工程师抽查20间客房，这一工作每次至少要花两个小时。这样，发现问题可及时得到解决，而且还有利于制订或改进有关清洁保养、更新改造的工作计划。因为经理人员的查房要求比较高，所以被象征性地称为“白手套”式检查。这种检查一般都是定期进行的。

（二）查房流程及要求

这与整理客房的程序和标准基本一致。查房时应按顺时针或逆时针方向循序渐进，发现问题应当马上记录，及时解决。

日常查房的项目内容及标准为：

1. 房间

（1）房门：无指印，锁完好，完全指示图等完好齐全，请勿打扰牌及餐牌完好齐全，安全链、窥镜、把手等完好。

（2）墙面和天花板：无蛛网、斑迹、无油漆脱落和墙纸起翘等。

（3）护墙板、地脚线：清洁、完好。

（4）地毯：吸尘干净，无斑迹、烟痕。如需要，则作洗涤、修补或更换的标记。

（5）床：铺法正确，床罩干净，床下无垃圾，床垫按期翻转。

（6）硬家具：干净明亮，无刮伤痕迹，位置正确。

（7）软家具：无尘无迹，如需要则作修补、洗涤标记。

（8）抽屉：干净，使用灵活自如，把手完好无损。

（9）电话机：无尘无迹，指示牌清晰完好，话筒无异味，功能正常。

（10）镜子与画框：框架无尘，镜面明亮，位置端正。

（11）灯具：灯泡清洁，功率正确，灯罩清洁，接缝面墙，使用正常。

（12）垃圾桶：状态完好而清洁。

（13）电视与音响：清洁，使用正常，频道应设在播出时间最长的一档，音量调到偏低。

（14）壁橱：衣架的品种、数量正确且干净，门、橱底、橱壁和格架清洁完好。

（15）窗帘：干净、完好，使用自如。

(16) 窗户：清洁明亮、窗台与窗框干净完好，开启轻松自如。

(17) 空调：滤网清洁，工作正常，温控符合要求。

(18) 小酒吧：清洁、无异味，物品齐全，温度开在低档。

(19) 客用品：数量、品种正确，状态完好，摆放合格。

2. 卫生间

(1) 门：前后两面干净，状态完好。

(2) 墙面：清洁、完好。

(3) 天花板：无尘、无迹，完好无损。

(4) 地面：清洁无尘、无毛发、接缝处完好。

(5) 浴缸：内外清洁，镀铬件干净明亮，皂缸干净，浴缸塞、淋浴器、排水阀和开关龙头等清洁完好，接缝干净无霉斑，浴帘干净完好，浴帘扣齐全，晾衣绳使用自如。

(6) 脸盆及梳妆台：干净，镀铬件明亮，水阀使用正常，镜面明净，灯具完好。

(7) 座厕：里外都清洁，使用状态良好，无损坏，冲水流畅。

(8) 抽风机：清洁，运转正常，噪音低，室内无异味。

(9) 客用品：品种、数量齐全，状态完好，摆放正确。

随着酒店业的发展，设备要求正在不断更新，检查表的内容也应不断地丰富和发展。

思 考

1. 应留意处于哪些房态的客人有逃账可能？如何防止这些客人逃账？

2. 夜床服务和小整理服务如何做得既要让客人感受到酒店对其贴心关怀，又不至于让客人觉得不胜其扰？

练 习

1. 熟记各类房态的中、英文及英文缩写。

2. 分析清扫基本方法的工作原理。

3. 试述“请勿打扰”标志一直显示到下午 2 点后的处理方法。

4. 案例分析 在北京一个三星级酒店的客房部，某实习生服务员小肖正在客房某楼层值大夜班。已经深夜 12 点多了，客人们都已休息，楼内静悄悄地。这时本宾馆客房部的位男员工来到楼层找到正在值夜班的实习生小肖说：“我的一位外地朋友来北京，没地方住，我让他在我们宿舍住一宿先，宿舍有空床可是缺一套被子，你去空房拿一套借给我用，明天早晨我还给你。”实习生小肖一听此情，想也不想就答应道："好吧，我给你找一套。"实习生小肖匆忙来到一间客房门前，也没有看准这间房是否空房，进房间前只是简单地敲了两下门，不等有否反应，拿钥匙就打了房门。闯进去一看，两位先生正睡在床上，客人一下子惊醒了，忙问实习生小肖："你干什么?"小肖一看房内有客人已慌了神，撒谎说："我给您送开水!"客人不客气地说："谁让你给送啦！我们早就睡下了，谁知你要干什么？我马上打 110 报警!"实习生小肖一看事情已经闹大，只好连声道歉，请求客人不要报警，客人说："不报警就请你们总经理来做出解释!"小肖连忙请来客房部经理，客房部经理一个劲道歉，客人们不干，非要求总经理出面。无奈，客房部经理与总经理取得联系，讲出此情，总经理从家中赶到宾馆，来客人房间诚恳道歉，客房部经理也反复道歉，好话说尽，两位客人仍是不依不饶。最后总经理决定给每位客人赠送一条价值 180 元的高档腰带作为赔偿客人精神损失，客人才罢休。总经理、客房部经理花了 3 个多小时才算把此事平息。实习生小肖夜闯客房，属恶性违章，造成客人投诉，立即被店方开除。请分析案例中实习生小肖错在哪些地方？这个案例对你将来实习有何启发？

5. 实训项目：中式铺床

6. 实训项目：清洗卫生间

7. 讲述清扫住客房有哪些注意事项。

第五章　客房部其他服务

【导　语】

本章内容主要涉及客房部楼层以外的部门的服务，包括公共区域的清洁整理；绿化；卫生防疫；洗衣；布草房等的服务。

第一节 公共区域清洁保养

所谓公共区域，即公众共有共享之区域。相对于客房楼层只针对住客提供服务的“私隐”，酒店公共区域的“公共”，对外而言意味着这一区域不仅服务住客，也服务酒店的食客、游客等其他类型酒店客人；对内而言则是酒店内部员工自己所处的环境。因此，做好公共区域的清洁保养，既是维护酒店对外的脸面，也是营造满意的工作环境的需要，其重要性不言而喻。

一、大堂卫生工作

（一）地面干拖（云石、大理石地面）

（1）使用喷有静电吸尘剂的干拖进行工作。

（2）将尘拖平放在地面上，直线方向推尘，尘拖不可离地。将地面的灰尘推往较隐蔽的地方。

（3）每拖尘一次后，用吸尘机吸干净尘拖上的灰尘。

（4）推尘每半小时循环一次，视灰尘程度及客流量密度而增减次数。

（5）每次推尘后应及时将地面灰尘、垃圾打扫干净。地面不能留有脚印、污迹。

（二）家具及云石台清洁保养

（1）用半干半湿毛巾抹干净家具及云石台上的灰尘。

（2）将家具保养蜡均匀喷在家具或云石台上；喷蜡不能过多，以免积聚灰尘。

（3）用干毛巾将家具蜡均匀地涂抹，边喷边抹，重点擦除污迹，达到光亮清洁。

（三）烟箱的清洁

（1）用镊子将烟箱里的烟头、杂物清干净；用废纸把烟箱面上的口痰污迹抹干净。

（2）每隔 15 分钟巡查清理烟箱一次，视客流量情况增加清洁密度。

（3）交班前把烟箱碟清洗干净，用布抹干烟箱盖。工作时小心轻放烟箱盖，以免造成响声。

（四）大门口内外地垫的清洁

1. 内地垫清洁

（1）每隔 2 小时吸尘一次，视污迹程度及客流量情况增减吸尘次数。

（2）随时清洁地垫上的污迹及香口胶。

（3）每晚要揭开地垫，用扫把将地面灰尘、砂粒扫干净，用湿地拖拖干净地面。

（4）每周更换冲洗地垫一次。

2. 外地垫的清洁

（1）每天用吸尘机吸地垫上的杂物纸屑，每晚揭开地垫，用扫把将地面灰尘、沙粒扫干净。

（2）用湿地拖拖干净地面。

（3）待地面风干后，将地垫放回原位。

（4）每周更换冲洗地垫一次，内外地垫的铺放要求整齐对称。

（五）电梯清洁保养

（1）打开控制箱，按动指定按钮，使电梯停止运行；将电梯停在指定楼层操作，每次只能停一部电梯。

（2）将“正在工作”告示牌放在电梯门前。

（3）用玻璃清洁剂清洁玻璃镜面；镜面玻璃、不锈钢门要求达到光洁、明亮、无手印及污迹的效果。

（4）用家具清洁蜡清洁天花顶及木器装饰部分。

（5）用不锈钢清洁剂清洁电梯不锈钢门。

（6）用吸尘机吸边角位和电梯门轨的砂尘。

（7）用湿布抹干净地面和门轨的灰尘。

（8）地面干后，装上地脚保护板进行打蜡抛光，地面大理石喷磨均匀，抛光的光亮度要高。

（9）工作完成后，取出保护板，把控制按钮恢复原位，关好控制箱，恢复电梯正常运行。

二、大理石地面日常保养

（一）洗地

（1）自动洗地机的操作，将清洁剂按 1：20 的比例兑水注入清水箱内。

（2）装好吸水刮后，启动电源开关，放下洗地刷和吸水刮，扳动水制开关。

（3）启动吸水机电源，手推操纵杆，以 60 米/分钟速度前进，洗地和吸水同步进行。

（4）洗地机洗地时，行与行之间要互叠 10 厘米，以免漏洗。

（5）洗地完毕后，要用干毛巾将地面特别是边角位的水迹抹干净，以免影响打蜡质量。

（二）地面打蜡、抛光

（1）进行打蜡时，首先要检查机上喷壶是否加满保养清洁蜡。

（2）将控制杆调节到合适的高度。

（3）机体底盘针座接合抛光垫，保持机身底盘与地面平衡。

（4）接通电源，按动机身电源开关，使底盘转动，当手柄提升时，机身向右移动，当手柄向下时，机身向左移动。

（5）当操纵机械从左至右移动时，拉动喷蜡控制杆将蜡水喷出，由底盘抛光垫将蜡水均匀涂在地面上。

（6）打蜡前，用干地拖将地面灰尘、砂粒拖干净；打蜡时，落蜡要均匀，上下互叠 10 厘米，每推 100 厘米距离喷蜡一次。

（7）喷蜡完成后，换另一干净抛光垫进行地面抛光。

（8）抛光推进速度应保持在 50 米/分钟为宜，来回抛光 3～5 次，直至光亮为止。

（三）地面高速抛光

（1）使用高速抛光机操作，将高速抛光垫安装在抛光机转盘底部针座上，平放在地面。

（2）将控制杆调节到合适的高度，接上电源。

（3）按动机身上电源开关，转盘转动，即可进行抛光。

（4）抛光时，推进速度不能太快，应保持 50 米/分钟的速度。

三、地毯清洁保养

地毯除了是最常用的客房铺地材料，同时也广泛应用于酒店的餐厅、会议室等处，对地毯的维护保养关乎酒店重大开支。

（一）地毯清洁保养总则

每天吸尘或用电动扫帚清扫，每周彻底吸尘一次，定期用干粉或泡沫清洁剂清洗。

在公共区域，地毯清洁是一项昂贵和永无休止的工作。餐厅地毯上有很多的食物痕迹，因此，每次开餐后都要吸尘一次或用电动扫帚清扫，或用一个小型的多功能地毯清扫机清扫，并且每晚都应用干粉和泡沫清洁剂清洗。同时大厅入口处也需要每晚清洗。

带有沙土的鞋一旦踩过地毯，沙子就会嵌入地毯内，使地毯纤维受到损坏，磨损地毯；而食物痕迹和油迹若不及时清除，时间一长就得用强效清洁剂和溶剂，用刷子把它们擦掉。这些都不利于地毯的清洁保养。因此，定期地、不懈地对地毯进行保养是至关重要的。这样，不仅能使地毯看上去干净诱人，也是保护地毯这一主要投资的一种良好方式。

（二）地毯吸尘

在保养过程中，吸尘是保养地毯最重要的程序，吸尘工作做得越好，地毯需要清洗的次数就越少，其使用的寿命就越长。另一方面，有了污迹应尽快清除，否则，时间长了便会很难清除。以下是根据客流密度确定的地毯清洁周期表。

表 5－1　地毯清洁周期表

位置 内容	普通地方 （办公室、会议室）	频密地方 （走廊、餐厅、商场）	非常频密地方 （电梯、门口）
吸尘	每天一次	每天一次	每天一次
清洁	每季度一次	半月一次	每周一次
抽洗	一年一次	半年一次	每季度一次

（三）地毯清洗

（1）用吸尘机对地毯进行吸尘处理。

（2）用地毯除迹剂清除地毯上的各类污迹及香口胶。

（3）按比例将地毯水兑水后加入电子打泡箱内。

（4）将 150 转/分钟的洗地机套上地毯刷，接上电源。

（5）打开泡箱开关，将泡沫均匀地擦在地毯上。

（6）控制擦地机的走向，由左至右，保持 40 米/分钟的速度为宜。

（7）操作机械在地毯上来回洗刷 3～4 次，上下行距互叠 10 厘米。

（8）用毛刷擦洗边角位，抹干地毯上的泡沫。

(9) 用地毯吹干机吹干地毯。

(10) 工作完毕后，用清水冲洗泡箱和地毯刷。

四、墙毯抽洗

(1) 用吸尘机对墙毯进行吸尘。

(2) 用除迹剂对特别污迹进行除迹处理。

(3) 电子打泡箱加入地毯水。

(4) 抽洗机的水箱加入清水。

(5) 将打泡箱和抽洗机的喉管、吸头、手刷分别连接好，接通电源。

(6) 启动泡箱开关，手拿毛刷，待泡沫从喉管排出后刷洗墙毯。

(7) 启动抽洗机开关，吸头紧贴墙毯，从上往下吸。

(8) 边喷水边吸水，反复进行抽洗，尽量将水分吸干。

第二节 绿 化

一、绿化养护

绿色植物引入酒店空间，使它成为一个小环境，可改善内部温度湿度的变化，同时可以吸附酒店内部的灰尘和异味，有些植物还具有杀菌吸收有害气体的作用，这样更有益于健康。同时，绿色植物还可以缓解眼部疲劳、放松心情、减轻压力，具有良好的心理暗示作用，对改善酒店的"软环境"也大有裨益。另外，在酒店内布置的绿化工程代价不菲，所以某种程度说，绿化工程也是酒店档次的象征。有关专家建议，酒店室内应每十平方米放置一棵植物。

(一) 绿化组的工作内容

1. 绿化布置

主要包括客人进出场所的花卉树木按要求造型、摆放；定期调换各种盆景，保持时鲜；接待贵宾或举行盛会时重点绿化布置等。

2. 清洁养护

主要内容是检查、清洁、养护全部花卉盆景；拣去花盆内的烟蒂杂物，擦净叶面枝杆上的浮灰、保持叶色翠绿，花卉鲜艳；及时清除喷水池内的杂物、定期换水，对水池内的假山、花草进行清洁养护；及时修剪、整齐花草；定时给花卉盆景浇水、定期给花草树木喷药灭虫等。

（二）绿化布置主要工作程序

1. 花木更换

（1）预先掌握更换周期，备好花木品种、数量。

（2）运送花木一次装车量不宜太多，防止折损花木。对于瓷套缸尽量避免叠放，缸与缸之间需用厚毛巾垫隔，防止碰碎。

（3）进入大堂要确保车辆清洁，动作要轻。

（4）更换时要注意调整观赏面，正对客人视线，有残缺的地方尽量隐蔽至不显眼。

（5）更换花槽植物，须作好清洁卫生，摆入植物时注意高低、整齐、疏密配置。

2. 宴会绿化布置

（1）实施布置前，明确方案、构图、分工和详细操作步骤。

（2）准备好花木、材料，按照前述的花木更换的基本原则摆放，布置效果力求整齐、美观、协调、搭配合理。

（3）工作现场要统一行动，统一指挥，超重作业要切实注意安全操作，作好清洁保养工作，维护好现场。

3. 插花制作

（1）插 VIP 房花及商务套房花。

（2）插公共区域花。

（3）插餐厅花。

（4）作好派送及工场清洁卫生。

4. 送花

（1）上班首先检查当天花单有无漏写，并填写当天花单，报告当天 VIP 的数量。

（2）准备好送花车、干净毛巾，将插好的花按单放好在车上，并检查数量。

（3）持单送花，顺序由 VIP 房到商务套房至各公共地方，送花时同时收回旧花，作好签收花单工作。

（4）更换的鲜花放好后，用干净毛巾抹干净器皿和桌面四周，不能留有水迹和杂物。

小资料

常见室内植物养护方法

球根类花卉：像水仙、西洋水仙、郁金香、风信子都属于应季花卉，花期很短，一般只有1周至2周时间，在居室内可放在阳光充足，温度较低地方，温度过高，使花开的快，缩短花期。

兰花类花卉：像君子兰、大花蕙兰、蝴蝶兰、卡特兰、石斛兰等在自然界中生长在热带的树下，喜湿喜阴，忌阳光直射，在明亮的半阴处生长良好。因此在家庭中应多喷水增加空气湿度。在冬季可以让其接受柔和的阳光，以便其进行光合作用，增加营养。兰花类花卉易受蜗牛和介壳虫的影响，介壳虫可用牙刷刷落。以常见的君子兰为例，它原产于亚热带南非森林中，那里四季温暖如春，平均气温最低不低于10℃，最高气温不超过22℃，君子兰喜生在温暖潮润、干湿适中的自然环境中，家庭也要创造类似的环境。君子兰喜欢柔和的光线，忌烈日曝晒，君子兰是肉质根，有一定的抗旱能力，浇水过大，会造成根系腐烂。君子兰盆土的含水量应以用手可捏成团、轻轻一按即松散的状态为宜。

竹芋类和蕨类植物：竹芋类植物如孔雀竹芋、紫背竹芋，蕨类植物如波士顿蕨，喜半阴、温热、湿度高而排水良好的环境，喜光线明亮，不耐强光直晒。

其他花卉

马蹄莲：好光、好水、好肥，喜土壤湿润、空气湿度大。

火鹤：也叫红掌，喜阴湿、温热和排水通畅的环境，介壳虫是其常见的虫害，要注意防治，用刷子刷就可以。

瓜叶菊：喜阳、喜湿、喜肥，但花期应减少施肥，浇水要干湿相宜，防止过干或过湿，低温时应控制浇水，稍润即可，要注意通风，否则，瓜叶菊易患白粉病或被蚜虫和红蜘蛛危害。

大岩桐：喜温暖潮湿，好肥，忌阳光直射。

仙客来：喜阳光充足和冷凉、湿润的气候，10℃至20℃为适宜生长温度，怕高温。

比利时杜鹃：性喜冷凉、潮湿、酸性腐殖质土壤。

蟹爪兰：喜温暖、湿润、半阴环境。生长适温为15℃至20℃，温度低于5℃则进入休眠状态。

蒲包花：喜温暖、凉爽、湿润而又通风良好的环境，不耐寒，忌湿。

丽格海棠：喜温暖、湿润环境、半阴环境。

一品红：喜充足光照，要求排水好、通气好的疏松肥沃土壤，对水分要求严格，土壤湿度过大常会引起根部发病，进而导致落叶；土壤湿度不足，植株生长不良，也要落叶。

金橘：喜温暖湿润、光照充足，宜肥沃、排水良好、通气性佳的沙质土壤，不耐寒，忌干旱。

观赏凤梨：喜高温、多湿、半阴环境。盆栽土宜用含腐殖质的沙性土壤，越冬温度应在10℃以上。

第三节　公共区域灭虫害工作

酒店的防疫工作主要是防治疾病的传染源——各种虫害。防治客房虫害是关系到客人和酒店员工身体健康的一件大事，也是酒店，尤其是公共区域组的一项不容忽视的工作。

一、酒店害虫类别

一般酒店常见的害虫有三类：

1. 昆虫类——苍蝇、蚊子、蟑螂、臭虫、跳蚤、虱子、螨虫、甲虫、蠹虫、白蚁等。

2. 啮齿类——老鼠等。

3. 菌类——霉菌等。

二、产生虫害的原因

（一）内部原因

几乎所有害虫的生存环境都需要两个基本条件，即一定的温度和一定的湿度，而食物和水又是其生存繁衍的必要条件。如果酒店内有通风不佳、环境潮湿、残羹剩饭乱倒、垃圾清理不及时、新鲜食物控制不当等现象，就会给害虫的滋生蔓延创造条件。

（二）外部原因

一些外界因素也能给酒店造成虫害。比如，附近有建筑物拆迁和公共设施整修、每天有各种车辆和物资进出、房间装修、人员流动等，都可能带来害虫。客房卫生因为备受管理人员的重视而总能窗明几净，但内部仍可能有害虫，如苍蝇、蚊子、蟑螂、螨虫、甲虫和蠹虫等。所以客房虫害的防治工作同样不容忽视。国际酒店专家建议对客房应进行每月一次的害虫控制和处理工作。

三、虫害的防治

了解了产生虫害的原因，就可以有针对性地采取防治措施。由于这是一项专业性很强的工作，需要在专业人员的指导下，采用适当的药饵、器具和方法进行杀灭工作。同时，要认识到，虽然灭虫害的新药剂和新方法不断问世，对于抑制虫害起了很大的作用，但并不能一劳永逸。所以客房部应认真搞好酒店的环境卫生，控制好各个环节，消灭卫生死角。

酒店可以从预防虫害的发生入手，如：货物必须经过检查；吃剩的食物不许乱丢，要放进垃圾袋统一存放；垃圾房要严格管理，定期消毒；地下室、库房、阳台等角落必须保持整洁通风并搞好计划卫生；搞好后台区域的室内环境卫生，包括办公室、员工食堂、宿舍、更衣室等；要注意员工的个人卫生。

以下介绍若干种常见虫害的防治方法：

1. 苍蝇

苍蝇活动范围广，食性杂，飞返于污物和食物之间，不仅造成食物污染，还会传播疾病，如腹泻、肠胃炎、伤寒、痢疾、霍乱等。如有苍蝇飞入室内，定会扰乱客人心情，影响宾客休息。防治苍蝇的一般方法是：

（1）安装防蚊蝇纱窗；

（2）及时处理残剩的食品；

（3）安装电子灭蝇灯，喷洒杀虫剂；

（4）垃圾桶须盖严，经常清理垃圾桶；

（5）夏秋季要特别注意垃圾房、垃圾桶、泔水桶以及酒店外围环境卫生，定时清洁消毒，消除或破坏苍蝇滋生和生存的环境。

2. 蚊子

蚊子喜欢停留在阴暗潮湿、不通风、无烟熏的地方。它们不仅叮人吸血，扰人休息，还可传播丝虫病、流行性乙型脑炎、疟疾等疾病。防治蚊子的一般方法有：

（1）保持室内外环境清洁，消灭蚊子滋生的死角，如废旧容器、臭水沟等。

（2）安装纱门、纱窗。

（3）定期喷洒杀虫剂。

(4) 在室内外合适地点安置灭蚊灯，诱杀成蚊。

3. 老鼠

老鼠繁殖力极强，酒店内外较多见的褐家鼠和小家鼠一年四季均可繁殖，孕期只有3周，每胎可产4～8只或6～10只。老鼠的活动高峰是在早晚；喜欢以松土、垃圾、废纸、草茎等建巢；会啃坏木制品、塑料制品、管道和电缆等；还偷吃和污染食物，散布疾病，如引起食物中毒、斑疹伤寒、流行性出血热和鼠疫等。防治老鼠的一般方法有：

(1) 堵塞所有可供其出入的洞口。

(2) 及时清除所有能供其做巢的废料、垃圾。

(3) 保持环境卫生，尤其厨房要对食品妥善存放。

(4) 投放鼠药。鼠药种类多，效力和后果相差很多，应请专业人士指导或与酒店所在社区配合，共同做好灭鼠工作。

4. 蟑螂

蟑螂通常是躲在盒子、食品或行李中进入客房的。喜欢温湿的环境，如卫生间、厨房、水管附近等。食性杂，吃几乎所有的食物，而其排泄物又会使食物变质。它们不仅散发臭味，还会带来食物中毒和其他一些疾病。防治蟑螂的一般方法有：

(1) 保持环境清洁，食物要收藏好，死角要定期打扫。

(2) 向有蟑螂出没的地方，如管道口、水池等处喷洒专门杀虫剂。

(3) 请有经验的专家指导或委托专业公司布放药物、诱饵。

5. 甲虫

常见的有地毯甲虫和家具甲虫。家具甲虫的幼虫常被称为蛀虫。蛀虫是随货物包装、木料、旧家具等进入酒店的，幼虫三年之后化为成虫离开，但会在家具上留下一条条洞径，可能还留下了后代，继续啃食家具木料，加速其朽蚀过程。防治甲虫的一般方法有：

(1) 保持家具及其他木制品表面清洁，并对其进行油漆、打蜡。

(2) 用专门杀虫剂喷涂所有可能发生虫害的地方，如底座、背面和抽屉里壁等，如发现已有蛀洞，要用杀虫剂灌满。

(3) 定期使用有杀虫、防虫作用的抛光蜡剂。

6. 蜘蛛

蜘蛛一般并不构成对人的危害，但其存在意味着酒店清洁卫生不力，而且会引致女性客人恐慌。防治蜘蛛的一般方法有：

(1) 定期、全面、彻底地清扫酒店每一区域。

(2) 随时清除蛛网，并在蜘蛛喜欢出没之处喷洒杀虫剂。

第四节　洗 衣 房

许衣房是酒店里专责洗涤各类布草的部门，在有些规模非常大的酒店，洗衣房有可能独立于客房部之外，成为洗衣部；在小型酒店则不设洗衣房，洗涤任务外包给社会独立的洗衣公司。

一、酒店布草的种类

布草是广东和香港等地酒店业统称棉织物和衣物的专业术语，包括酒店内任何能洗涤的物件。

布草按其形态来说可分为两大类：

（一）棉织品

酒店服务所用的布巾，包括客房用的布巾如床单、枕袋、毛巾、毛毯、窗帘、床罩等；餐饮部用的布巾如台布、餐巾、台裙、方巾等。布巾类的用品不一定是纯棉制品，但行内一般用“棉织品”借指所有质地的布巾。

（二）衣物：包括酒店员工的制服和客人委托送洗的衣物

按织物的质地来分，布草则可分为天然纤维织物、人工纤维织物和混合纤维织物。酒店内使用单纯人工纤维的织物很少，主要使用天然纤维里的棉、麻、丝、毛纤维织物和混合纤维织物。

二、各种面料洗涤要求

布草的面料有不同的质地，洗时需区分质地进行处理。

（一）棉织物

棉织物的耐碱性强，不耐酸，抗高温性好，可用各种肥皂或洗涤剂洗涤。洗涤前，可放在水中浸泡几分钟，但不宜过久，以免颜色受到破坏。用洗涤剂洗涤时，最佳水温为40～50℃。应在通风阴凉处晾晒衣服，不要在日光下暴晒，以免使有色织物褪色。

（二）丝绸织物

洗前，先在水中浸泡10分钟左右，浸泡时间不宜过长。忌用碱水洗，可选用中性肥皂或皂片、中性洗涤剂。洗液以微温或室温为好。洗涤完毕，轻轻压挤水分，切忌拧绞。应在阴凉通风处晾干，不宜在阳光下暴晒，更不宜烘干。

（三）麻纤维织物

麻纤维刚硬，抱合力差，洗涤时要比棉织物轻些，切忌使用硬刷和用力揉搓，以免布面起毛。洗后不可用力拧绞，有色织物不要用热水烫泡，不宜在阳光下暴晒，以免褪色。

（四）羊毛织物

羊毛不耐碱，故要用中性洗涤剂或皂片进行洗涤。羊毛织物在 30℃以上的水溶液中会收缩变形，放洗涤浴温度不宜超过 30℃。通常用室温（25℃）水配制洗涤剂水溶液。洗涤时切忌用搓板搓洗，即使用洗衣机洗涤，也应该轻洗，洗涤时间也不宜过长，以防止缩绒。洗涤后不要拧绞，用手挤压除去水分，然后沥干。用洗衣机脱水时以半分钟为宜。应在阴凉通风处晾晒，不要在强日光下暴晒，以防止织物失去光泽和弹性以及引起弹力的下降。

（五）涤纶织物

先用冷水浸泡 15 分钟，然后用一般合成洗涤剂洗涤，洗液温度不宜超过 45℃。领口、袖口较脏处可用毛刷刷洗。洗后，漂洗净，可轻拧绞，置阴凉通风处晾干，不可暴晒，不宜烘干，以免因热生皱。

（六）锦纶织物

先在冷水中浸泡 15 分钟，然后用一般洗涤剂洗涤。洗液温度不宜超过 45℃。洗后通风阴干，勿晒。

（七）腈纶织物

与涤纶织物洗涤基本相似。先在温水中浸泡 15 分钟，然后用低碱洗涤剂洗涤，要轻揉、轻搓。厚织物用软毛刷洗刷，最后脱水或轻轻拧去水分。纯腈纶织物可晾晒，但混纺织物应放在阴凉处晾干。

（八）维纶织物

先用室温水没泡下，然后在室温下进行洗涤。洗涤剂为一般洗衣粉即可。切忌用热水、开水，以免使维纶纤维膨胀或变硬，甚至变形。洗后晾干，避免日晒。

三、棉织品水洗程序

酒店每天替换下来的棉织品通常是水洗的方式进行洗涤，这个洗涤的过程一般分为六个阶段：准备阶段、核心去污阶段、漂洗阶段、后处理阶段、脱水阶段和烘干阶段。洗涤工序完成后，棉织品还需经过烫平、折叠，这才可以出厂，分送到酒店相应的各部门去使用。

上述六个阶段中，冲洗与预洗是为主洗做准备的，我们称之为前处理阶段。主洗是核心去污阶段，通过一系列物理化学方式，去除吸附在棉织品上的大部分污垢，而小部分未被洗除的污垢，则进入核心去污阶段第二过程——漂白，通过漂白剂强烈的氧化作用再一次处理。完成了主洗和漂白之后，棉织品上会存在着浓度较高的洗涤剂和漂白剂，这必须通过几次合理的过水阶段才能去除。在不同部门、场合使用的棉织品各有要求，还需要做相应的后处理。完成了上述阶段后，便可进入脱水阶段，尔后是烘干阶段、烫平折叠阶段。

四、客衣洗烫程序

洗衣房一大任务是负责提供客衣的洗涤、熨烫服务。这既是酒店为客人提供的一项服务内容，同时，也是酒店取得经济收入的一个重要途径。洗衣房能为客人提供的洗衣服务有干洗、水洗和净熨。

（一）客衣检查程序

实习生小谢做客衣收发员，要负责收集楼层客人交洗的衣物，并细致地进行检查。千万别小看这一道工序，一不小心，你可能就会犯错。不信？请看——

【案例】掉了纽扣的西服

饭店洗衣房内灯火通明，员工正在忙碌地为客人洗涤、熨烫衣物。当一件黑色双排扣西装送回客房中心时，验收员张某发现西服少了一粒扣子。张某查看洗衣单，上面并没有少了纽扣的记载。于是相关人员找遍了洗衣房，但是仍然找不到纽扣。于是张某只好坦诚地面对西装的主人王先生。王先生不高兴地说：“幸亏我的西服里子上还有一粒备扣，否则我这件上档次的西装就没法见人。”为表示饭店的歉意，客房中心免去了王先生的客衣洗涤费用。

【分析】

一件高档的西服不明责任地丢失了扣子，原因在于饭店接受客衣的各个环节均未严格按洗衣程序检验细节。这种情况可能是原来就少一个扣子，但客房收衣员没有在洗衣单上记载，也可能在洗衣房的收发处没有进行检验，因此也没有在洗衣单上记载。虽然问题最后还算解决了，但如果没有备扣，即使西服其他部位完整，也不是免去洗涤费就能解决的了。可见，衣服收发员是洗衣服务的先行性工作，是做好客衣洗涤服务的前提。

不想出错？好好看看客衣收发员检查客衣的程序吧：

(1) 将衣物从洗衣袋倒出，当客人已在洗衣单上填有衣物件数时，要逐件点数。

(2) 当衣物多于单上所填数量时，要代客人补填上；如衣物少于单上所填数量时，要先在数量上打圈，后在旁边注明所欠的衣物，并知会主任由其决定是否送洗。

(3) 核点件数时，一定要将衣物的每个部位细致检查，注意有无破损、褪色、缩水、烫坏等现象。

(4) 发现衣物有质量问题时，经判定是自然性损坏，要知会主任后在洗衣单上一式三联注明。

(5) 如果损坏属机械性损坏或人为造成（如钩穿、烧穿或洗坏等），要整份衣物交由主任与客人联络。

(6) 当衣物数量与质量没问题时，要将衣物颜色逐件注明，以便洗后核对。

(7) 衣物检查后，负责检查衣物的员工要在洗衣单右上角签名。

(8) 检查衣物需专人检查，不能一人同时做检查、打唛（标签）两样工作。

(9) 检查衣物时要同时检查衣物口袋，看是有客人遗留钱物；发现客人遗留物品，必须交由主任处理。

（二）客衣洗涤程序

(1) 开机准备。按安全操作规定打开总电源。压缩气、蒸汽、水闸开关，检查机器是否运作正常，清尘袋、尘网、纽扣器和蒸油缸。

(2) 把将洗衣物分类。确定衣物适合机洗抑或只能手洗；机洗是干洗还是水洗。视情况进行除渍等预处理工作。

(3) 装机洗涤。注意，在开、关机门时不能夹住衣物，不能超过该机所规定的洗衣容量，干洗时甩干衣物要根据面料、质地确定甩干时间长短。

(4) 衣物出机。待机器完全停转后，打开机门，取出衣物装入干净的布草车内，检查是否有意外洗坏的衣物，检查机内是否有遗留衣物。

（5）烘干。不同类别的衣物要分别烘干，客衣烘干温度在60℃以下，烘干衣物要及时出机。不耐温、易损坏、易变形的衣物要挂起晾干或冷风吹干。

（6）衣物熨烫。方法后述。

（三）熨烫客衣

熨烫的基本方法。

1. 推烫

运用熨斗的推动压力对衣物进行熨烫的一种力法。当熨烫的织物面积较大而只是轻微的折皱并可平展时，可运用推烫的方法。

2. 注烫

利用熨斗尖部对衣物上某些小范围进行熨烫的方法。在操作时，提起熨斗的后部，用熨斗尖部熨烫衣物纽扣和某些饰物的周边地区。

3. 托烫

对于某些衣物不规则的部位，在熨烫时不能放在烫台上熨烫，而必须用“棉枕头”托着进行熨烫，叫托烫。如肩部、领部、胸部、被子或一些裙子的折边应运用托烫。

4. 侧烫

用于衣物上的筋、裥、缝等部分，在熨烫时，为了不影响衣物上的其他部位，就必须应用熨斗的侧面、侧糟熨烫，这叫侧烫。

5. 焖烫

运用熨斗的重点压力或加重压力，缓慢地对织物进行熨烫，使之平服、挺括，这叫焖烫。主要对衣服的领子和袖子。

五、特殊污渍的种类及其清洁方法

（一）污渍的种类

污渍主要来源于人体皮肤分泌物和排泄物，自然界尘埃和动物、植物、矿物中的物质，或工业原材料和化工品。普通污垢可以洗涤去除。污渍则不同，洗涤不能完全去除，或者说根本不能直接除掉，必须用化学原料进行处理。由于污渍的种类很多，清除不同的污渍所用的化学原料也不同。随着科学技术的发展，去除污渍的技术也不断改进。在洗涤去渍中，剥污渍处理剂的选择和使用就显得格外重要了。在选用处理剂前，首先应了解各种污渍的种类及各种去渍处理剂的功能和使用方法，才能达到最佳的去渍效果。

1. 一般污渍

人们在穿用衣物时，沾染了很难脱落的物质，在织物表面出现痕迹，这类污渍称为一般污渍。大体有以下几种：

（1）油脂类污渍。

①由动物油、植物油、蜡油、矿物油造成的污渍

这些污渍一旦沾染就相当牢固，用洗涤剂不能去除，必须用化学处理剂使之溶解，再进行洗涤才能清除掉。

②由含有色素的油脂造成的污渍

包括油漆、油墨、彩色油、印台油、圆珠笔油等。清除这类污渍，比清除无色脂肪类污渍困难得多。特别是沾染后没有及时处理，时间久了色素分子钻入纤维内部，与纤维结合起来，想去除就更困难。

（2）色素酸类污渍。

大部分是各种水果汁造成的污渍，其共同点是都含有色素酸酯，染在衣服上比较牢固，水洗很难除掉，只能利用一些化学处理剂，把果汁中的有机酸脂加以中和才能除掉。

（3）蛋白质类。

由血液、奶液等含有蛋白质的物质造成的污渍。这些污渍一般能溶于水，但怕高温，一旦遇到高温，蛋白质就会变成碱性蛋白质，并且会与织物纤维牢固结合，变得很难去除。

（4）色素污渍。

纯色素类是由各种颜料及带有色素的无机物造成的污渍。此类污渍一般沾上色素很难去除，特别是白色衣物沾上色素就更难去掉，必须用物理处理或用适当的化学剂通过化学处理才能除掉。

（5）其他类污渍。

如由沥青、碘酒、铁锈、药膏等造成的污渍。由于这类污渍种类很多，性质不同，所用的处理剂和处理方法也都不同。

2. 特殊污渍

是指在洗涤过程中因操作处理不当所造成的色泽上的事故。属于操作过程中技术要领掌握不好所造成的，非织物本身原有的污渍，故通称特殊污渍。这种污渍有时也会因穿着久、保管不当而造成。

（1）白色衣物洗涤后，误放在带色衣服上面沾染了色渍，洗涤行业称为暗色、搭色、印色或串色等。

（2）衣物的衬布、口袋布、领等缝有深色布，在洗涤中没有弄清杂色的性质，或操作不当，动作较慢，没有及时过水，各种色水互染，破坏了织物表面原来的色泽。

（3）褪色的衣物。因洗涤时不够注意，水温过高，刷洗不均，搓洗用力不

均等造成“花”、“绺”、显著褪色等现象。

（4）过水不够彻底，各种残液（皂碱液）、残垢、皂垢等没有除净，经晒晾、烫干后出现了黄斑痕迹等。

（6）晾晒时没有做拉展处理，皱折不平，或接受光线不匀出现的“晒花”、“晾花”等现象。

（二）去除污渍的方法

去渍方法应根据污渍特点灵活运用，不同的污渍应用不同的化学药品；污渍性质的不同，所用的去渍方法也不同。运用得当，才对去除污渍有帮助。否则，轻者影响去污效果，重则有损织物纤维。通常去除污渍有下列几种方法：

1. 喷射法

去渍台上配备的喷枪，有喷射纯蒸汽、去水分蒸汽、压缩空气等功能。它提供的是一种机械作用力，而喷射法是利用这个力的作用，使织物中的水基可溶性污渍去除（或部分去除）。应用此方法去渍时应注意：

（1）织物结构是否能耐受一定的机械作用力。

（2）污渍是否不会固化或不溶解深入织物的内部。

（3）喷枪的作用距离、角度以及喷射的时间。

2. 揩拭法

揩拭是去渍时常用的方式。是指向织物上的污渍施用一定的机械作用力，使污渍由于揩拭的作用，脱离织物。揩拭通常有以下几种形式：

（1）刷式：对污渍表面加注去渍剂后，以刷子轻敲污渍表面，使其松动，再轻刷直至污渍脱离织物。

（2）刮板揩式：对污渍表面加注去渍剂后，让其渗透、溶解，以刮板轻刮污渍，使其脱离织物纤维。

（3）正面揩式：用纤细布片包着棉花形成球状物，蘸取去渍剂，在污渍表面及其范围轻轻揩拭，去除污渍。

（4）背面揩式：用纤细布片包着棉花形成球状物，蘸取去渍剂，在污渍背面轻轻揩拭，使污渍去除。

3. 浸泡法

一些污渍与织物结合紧密，滴注去渍剂并揩拭也不能顺利去除时，可以把合适的去渍剂用器皿盛着，对织物的污渍部分进行浸泡，使去渍剂能有充分的时间与污渍反应。经过一段时间的作用后，再用刷子轻刷，以帮助污渍脱离。

4. 吸收法

对于某些织物，如纤细织物、结构比较疏松的织物或某些脱色处污染严重的污渍，如大面积圆珠笔油，可采用吸收法帮助去渍。其方法是在织物上的污渍加注适量的去渍剂，待其溶解后，用棉布团在污渍背面轻吸，使溶解后的污渍渐渐被转移到棉布团上。须注意，每一次吸取后应更换成干净棉布团，避免二次污染。

5. 强洗法

对于大面积的污渍，用温和的机械作用不能取得良好的去污效果时，可以使用强洗法。在织物污渍表面施上去渍剂，待其渗透后，用刷子强刷或用刮板和较大力量刮拭，通过强劲的机械作用，使污渍脱离织物。

运用强洗法必须遵循一个前提，就是被刷的织物结构应紧密、耐磨，若是颜色织物，还要看其染色牢度是否适合强洗。以此法处理织物上的污渍，或多或少地会对织物产生一定的损伤，降低织物寿命。因此，非万不得已，不要应用强洗法去渍。

【案例】一对美籍华人夫妇到某酒店西餐厅吃饭，女的穿着一身洁白的套装。餐厅服务员为他们开启红酒瓶时一不小心，让红酒溅到女客人身上，把衣服弄脏了。服务员连忙道歉，请客人回房换衣服，送去酒店洗衣房清洗。客人不乐意，认为红酒迹不可能彻底清除，要求酒店按套装的原价赔偿400美金。餐厅经理出面表示歉意，然后对客人说，酒店有能力将衣服上的酒迹洗干净。经双方协商，客人同意由酒店先清洗染在袖口的一小部分试试，如果能洗干净就整件洗了，否则就按价赔偿。酒店洗衣房经理了解情况后，亲自动手，很快就将袖口的酒迹洗干净了。客人察看半天，简直不能相信，干净的袖口跟新的没有两样，最终同意由酒店将染脏的套装整套洗涤，事情得以圆满解决。

【分析】由于酒店的失误造成客人衣物污脏，酒店的确应该承担起清洗复原的责任。在本案例中，服务员有失误，但能马上做出反应，提出帮助客人清洗污迹；餐厅经理给客人合理的选择，同时非常信任自己同事（洗衣房）的能力；而洗衣房经理不负所望，用高超的洗涤技能征服了客人。这个案例体现了酒店各部门之间互相补台，洗衣房虽是后台二线部门，但为服务客人，挽回失误作出贡献。

较真：你来想一想，万一沾上污迹的衣物没办法洗净，又该如何处理？

七、客衣收发控制及账目处理流程

1. 客衣每日收发控制

(1) 依送洗的洗衣单逐笔填明：日期；房号；送洗时间；一般洗烫或快洗烫；水洗、干洗或烫衣数量等。

（2）下午依规定的时间将所有的“客衣每日收发控制表”见后，送至客房部办公室，核对是否要求洗衣的客人均已取衣送洗。

（3）客衣包装整理完毕核对该表，确定所有送洗的客衣均已洗好送回。

（4）洗衣房送衣至楼层时，须依照所分配的房号送至客房，在该表“送回人”处验收签名。

2. 客衣账目处理

（1）依洗衣单先行计算各类洗衣金额，再合计总金额，加一成服务费即为洗衣总额。

（2）填好总额的洗衣单依楼层房号顺序编号，并填写在洗衣单上。

（3）洗衣单第一联放在客房部办公室存档，第二联钉于客衣上作为客人核对依据，并连同客衣一同送给客人。

（4）第三联洗衣单于规定时间以前送至前台出纳。

（5）依据洗衣单逐笔输入电脑（依各酒店的电脑操作）。

第五节　布草房服务

一、棉织品管理

（一）确定棉织品的储备标准

客房部棉织品的储备标准从每床 3 至 5 套不等，取决于营业状况、客房出租率、洗衣房运转状况、部门预算等因素。一般最低的标准是 3 套：一套在客房使用；一套在洗衣房洗涤：另一套则储存在棉织品仓库备用。但如果预算不是很紧的情况下，更保障一点的需要量则是 5 套：一套在客房内使用；一套在楼层储物室或工作车上；一套在中心棉织品仓库；一套已经脏了正送往洗衣房；另一套则正在洗衣房处理之中。

（二）棉织品的储存与保养

对于棉织品的储存与保养应注意以下要点：

1. 棉织品必须避潮储存，如果棉织品仓库与洗衣房相连，那么相连处的门就必须具有较强的密封性能，而且应尽可能地少打开。

2. 棉织品仓库必须保持良好的通风。

3. 棉织品仓库的隔板、隔架边沿应光滑，不能锋利突出。

4. 棉织品（尤其是混纺床单）在洗涤完并经过烘干机烘干以后，应放在储存架上“休息”一下，而不要直接拿去使用，这样可以延长棉织品的使用寿命。

5. 不能将棉织品堆放在混凝土地面上（可放在乙烯基石棉地面上）。

6. 撤下的脏布草应得到及时洗涤。

7. 破损的床单等应得到及时缝补。

（三）棉织品更新

酒店在经营过程中，会使很多布草因使用时间过长而改变颜色，破旧、甚至破损，还有些布草由于管理不善，操作不当而出现斑斑点点的污迹，如黄色锈斑、黑色油污等，对于这类布草，饭店应及时更换，使其退出服务过程，而不应凑合着用，否则会严重影响服务质量，使饭店的利益遭受损害。布草的损耗率一般是每月 0.3～0.5‰ 。

通常，各类棉织品使用到八成左右陈旧程度时就需要更换新棉织品。这时，棉织品的洗涤次数大约为：床单、枕套 130～ 150 次；毛巾类 100～110 次。

布草的退换应由饭店布草使用部门与布草房（洗衣房）共同把关，将旧布草用于后台区域继续使用或改作清洁用途。饭店采购部门应对照退出使用的旧布草、脏布草，及时予以如数全额补充，以保证布草正常周转。

（四）防止棉织品的二次污染

棉织品的二次污染是指脏布草撤换之后、送洗之前形成的新污染，或者是干净布草洗涤以后、使用之前所形成的。因此在上述两个环节之间，得重视加强员工职业思想教育，增强客房和洗衣房员工的责任心，使他们尽心尽责，爱惜布单，要避免操作中的不文明，对不负责任的员工批评教育，要正确认识到二次污染对酒店造成的损失。

三、缝纫组的工作

很多酒店在布件房下设（或由布件房员工兼任）缝纫组，负责修补棉织物。对于酒店来说，织物的修补总是一项合算的投资，因此，缝纫组的工作对于酒店节约成本费用而言，是相当重要的。酒店可以根据需要，聘用一名非全日制的缝纫女工，负责改制制服或缝补棉织品织物，也可以设立缝纫班组，拥有一班缝纫班组。

缝纫组的主要工作包括：

(1) 改做制服。

(2) 修补台布、床单等。

(3) 缝补窗帘、床罩、沙发套以及任何价格较高而又需稍作修补就能重新使用的物品。

(4) 报废的餐巾等制作厨师用工作布。

四、制服的管理

(一) 制服的设计和选购

制服是员工工作时穿着的服装，包括：套装、衬衫、领带（结）、厨师制服、厨师帽等。设计良好的制服不仅可以方便员工的工作，而且能够体现酒店的个性、风格和经营特色，是展示酒店风采的好载体。因此，员工的制服之于酒店的形象、员工的士气及工作效率具有重要意义。制服设计差会有损于酒店的形象，制服不讲究则会损伤员工的工作干劲，影响员工士气，并最终危及酒店的服务标准。

设计和选购制服时，应考虑以下因素：

●舒适

●实用

●美观

●耐用

●易保养

其中，“舒适”、“实用”是设计和选购制服时应考虑的首要因素。酒店应根据部门、各岗位的工作性质和特点来选购和设计员工制服，使员工便于操作。例如，客房服务员要经常弯腰搞清洁工作，因此，其工作服的设计就应采取裤装而非裙装，宽松一些，不能太紧、太短，以免弯腰时露出身体的某一部分；另外，如同外套和领带对管理人员来说必不可少一样，衣袋则对餐厅服务员来说是十分必要的，而且，这些衣袋应当足够宽大、结实，使服务员能够放进账单、找钱、圆珠笔和打火机等什物。

除了舒适和实用以外，员工的制服还应美观、耐用和易保养。此外，最好的设计还应使员工不会在家穿着，不应鼓励员工穿着制服从事酒店以外的工作，以减少对制服的过度损耗。

(二) 制服的订购量

一般来说，每位员工三套制服是最起码的订购量，但明智一点的酒店经理会要求额外再加一些，以备更换之用。

（三）制服的日常送领

制服的收取和发放均在布草房的专用窗口进行。员工每天上、下班前，将制服送到布草房，制服管理员收取后，将干净的制服发放给员工（制服管理员在收取制服时，必须检查制服上的编号或姓名有无脱落，以免混淆）。

制服管理员在将收取的脏制服送洗衣房洗涤前要进行登记，洗净后再由制服管理员验收入库。

（四）制服的入库保管

1. 分类保管

制服应按质料、使用部门等进行分类保管。例如，厨师制服为棉织品，洗涤频率高，应将它们放在最容易拿取的地方：而全毛套服保管要求高，换洗频率则较低，可悬挂在高处，既干燥又不易污染。

2. 制服上架

洗净后的制服经检查和修补后，要用衣架挂起，衣架杆上最好有固定挂钩并标有员工工号或姓名，制服对号入座。工号和姓名可按姓氏的第一个字母顺序排列，以方便存取。

3. 统一修补

制服如出现破损，如开裂、绽线、脱扣等，由缝纫工统一修补。对于无法修补的制服，由主管检查确认后签字，从后备制服中补发。

（五）制服的更新和补充

1. 建立制服消耗记录卡

对各部门的员工制服做好消耗记录，定期汇总，因破损、丢失而补发的制服，要按部门登记入账，定期将账单交财务部。

2. 制服的更新、补充

对于因洗涤、磨损等自然原因造成的更新需求，要按有关规定和程序，办理有关更新手续。对于损坏、丢失等原因而需要补充的，由部门主管查明原因，由员工本人填写“制服审领单”，经部门经理签字后，由布草房负责报销和补充新制服。

思　考

1. 在现实中，公共区域工作的重要性与 PA 员工受重视的程度恰恰成反比，试从饭店内部因素分析出现这种局面的原因以及根除这种现象的办法？

2. 有些酒店的卫生间的服务员除了提供开水龙头、递擦手纸外的额外服务，如捶骨、擦鞋等，但这些服务引起有些人争议，觉得这是过度服务，你如何看待呢？

练　习

1. 实训：地毯的清洗与保养。
2. 实训：擦铜器。
3. 实训：刮玻璃。
4. 找学校花工了解至少一种绿色植物的特性与养护方法。
5. 办一期“除四害”专栏墙报。

第六章　客房部安全保卫工作

【导　语】

酒店安全工作的好坏，不仅直接关系到酒店的声誉，而且也直接关系到酒店的经济效益，而客房区域又是安全事件易发区域。一旦在客房区域发生安全事故，特别容易引起人财物损失，其影响对酒店而言有可能是致命的。通过本章学习，学生应了解客房安全管理的基本含义，掌握客房防火与防盗的工作概况，熟悉解决突发性事件应采取的措施，掌握处理各种突发事故的正确方法。

第一节 客房部安全工作概述

客房部不仅要以干净舒适的客房以及服务人员热情好客的态度、娴熟的服务技巧来满足宾客的各种需求，使其乘兴而来，满意而归，而且还要极其重视宾客的一个最基本的需求——安全。饭店宾客与其他任何人一样，需要安全和保护，希望免遭人身及财产的损害。

客房安全（Security）是指客人在客房范围内人身、财产、正当权益不受侵害，也不存在可能导致侵害的因素。客人在住店期间对客房的安全期望很大，对于在旅途之中或身处异国他乡的宾客来说，作为宾客家外的“家”的饭店客房必须是一个安全的住所。因此，饭店有义务和责任为宾客提供安全与保护。安全是饭店各项服务活动的基础，只有在安全的环境内各种服务活动才能得以开展。但是，饭店也难免会发生人为或非人为的不可避免的意外事故。所以饭店应加强对服务人员安全意识的培养，增强服务人员的紧急应变能力，以降低灾害发生时人员的生命及财产的损失。

一、客房安全事故发生的原因

客房安全事故的发生原因有其直接原因和间接原因：

（一）直接原因

造成客房安全事故发生的直接原因主要有以下两方面：

1. 人为的原因

人为的原因主要是指由人们不安全行为所造成的各种原因，包括指导与监督疏忽、肇事者未按规定要求行事、误用或错用各种器具、危险性物品使用错误及不安全行为等。

2. 设施的原因

设施方面的原因主要指不良的环境设施所引起的，包括照明不良、维修不当，使地面过滑，以及危险场所防护设施缺失等。

【案例】

场景一：2000 年 6 月 1 日某酒店，服务员正在 1408 房打扫卫生，此时有位穿西装的男子进来对服务员说：“小姐，我是房客请你不要搞卫生了，我要准备一些资料很急的，你过一会再来好吗?”服务员微笑道“好的”，也没核对就离开了。下午真正的房客回来，发现自己的行李不见了，就向公安机关报了案。酒店赔偿了顾客的损失，事后该酒店组织人员进行一系列的安全防范培训，提高员工的防范意识。

场景二：2003 年 7 月 15 日早上，2315 房间的客人电话报保安部，房间遭窃。保安员立即赶往现场，简单的询问了情况后，立即报公安机关。据客人说，共失窃人民币 5000 余元、手机一台、手提包一只，总价值 8000 元左右。通过现场查看，是窃贼从后山爬入，用工具钳将铁栅栏拧断（方钢制），然后进入房间盗窃。事后酒店与宾客协商，最后酒店同意赔偿宾客 6000 元。

【点评】同样是失窃事故，前一个是不法分子利用服务员的轻信轻易盗取宾客财物，后者则是防护设施不够完善，可见，安全管理要考虑到各种因素，尽量要杜绝出现让不法分子可以利用的空子。

（二）间接原因

指各种机械装置的定期检查和保养不良；由于最高经营者责任心不强，导致安全管理制度和安全管理组织不完备、安全管理标准不明确等。常见的间接原因有：

（1）裂纹或破损的各种手柄。

（2）未及时清理使用过的刮脸刀片。

（3）裸露的电线。

（4）未及时处理各种不良导线。

（5）客用电梯的不安全操作。

（6）客房照明不良。

（7）未及时清理客房地面污物和垃圾。

（8）客用钥匙管理不当。

（9）玻璃门无明显标记。

（10）客房用餐时被玻璃杯损伤。

（11）非常通道使用不安全。

二、客房安全管理的特点

1. 各色人等往来复杂，目的各异

到饭店来的客人不仅肤色不同，服装各异，性格当然也不同，居住的目的更是五花八门。蛇龙混杂，难免有犯罪分子利用饭店从事非法活动。

2. 犯罪诱因大

欧美人士在旅行中惯常用签账卡，东方人则喜欢携带现金，东方的女士常把珍贵的珠宝穿戴在身上，到人多的地方去，爱炫耀其财富，但又是极其大意，丝毫不考虑“财不露白”的问题。

3. 易为不法之徒觊觎，且易得手

如上述情况，客人对财物不怎么注意，或散置床头或任意放置，都容易被不法之徒得逞。

4. 居留短暂，不利侦查

旅客在发生财物损失后，虽然向警方报案请求侦查，但多无结果，主要是因为居留时间太短，且损失又以现金为多，不利侦查，或是在报案后取得遗失证明即行离去，自然无法进一步侦查。

三、客房安全管理的基本原则

要使客房的安全管理有一个正确的方向，就必须确立以下的基本原则。

1. 宾客至上，服务第一的原则

坚持宾客至上，服务第一，就是饭店必须把客人放在首位，努力为客人提供舒适完美的服务，力求使客人感到满意。这是饭店经营的基本宗旨，也是客房部乃至全饭店安全管理的根本出发点。

2. 预防为主的原则

所谓预防为主，就是集中主要精力做好积极主动的防范工作，防止各种事故、案件的发生。坚持预防为主的原则，就是客房部必须健全各级安全管理组织，明确各级组织的安全责任，加强全员安全知识培训，完善各种设施和各项安全管理制度，注意日常的巡视检查，及时发现和消除各种不安全因素和事故隐患，做到防微杜渐，堵塞各种空隙漏洞，把各类事故消灭在萌芽阶段。

3. 谁主管，谁负责的原则

客房部所管辖的范围广，安全责任重大。“谁主管，谁负责”的基本精神是分清层次，各司其职，各负其责。客房部安全管理，应实行分级管理，分段负责，使客房部的各二级部门认识到把安全工作职责，真正把安全管理的责任落到实处。

4. 群防群治的原则

群防群治，就是依靠广大员工做好客房部的安全管理工作，要使客房部每一个员工成为安全员，打赢一场安全保卫的人民战争。因为，员工处在业务经营活动的第一线，最熟悉内部的情况，对饭店的各种不安全因素和薄弱环节也最易发现，只有依靠他们，才能及时发现问题，并采取有效措施，堵塞各种漏洞，去消除那些不安全因素。

5. 内紧外松的原则

内紧外松，就是要求员工要有高度的警惕性，做好严密的防范工作，但在形式上要自然、宽松。作为饭店的安全管理工作，既要建立各种安全管理制度，注意对可疑人员的监控，又要注意方式方法，尽量使客人感到舒适、方便、宁静。既要配备各种安全管理器材，设置各种管理岗位，但又不要给人以草木皆兵，戒备森严之感。

四、客房安全设施配置

为保证住店客人生命财产安全，必须在公共区域和客房内加强各类安全设施的配置，同时客房内各种生活设施设备也要安全可靠。

（一）闭路电视监控系统

闭路电视监控系统由电视摄像镜头、电视监视器、电视屏幕操作机台、录像等部分组成。闭路电视监控系统是饭店主要的安全装置，除了安装在饭店大厅及公共场所之外，通常作为客房部主要的安全装置。一般设置在：

（1）楼层过道。在楼层过道安装监控探头，一般采用中、长焦镜头。

（2）客用电梯。客用电梯空间小且又是封闭的，一旦出现紧急意外事件，受害人难以求援，安装监控探头便于对电梯内发生的可疑现象进行跟踪和取证。一般采用视野宽阔的广角镜头。

（二）自动报警系统

自动报警系统是由各种类型的报警器连接而成的安全网络系统，主要设置在饭店财务部、收银处、贵重物品寄存处以及商场消防通道等区域。用于防盗、防火、防爆报警。我国饭店常用的报警器有：微波报警器、红外线报警器、超声波报警器等远程报警系统，以及声控报警器，微动式报警器、磁控式报警器等。

（三）消防监控系统

饭店的监控系统一般由火灾报警系统、灭火系统、防火设施组成。

（四）通讯系统

通讯系统主要有专用电话、传呼系统及对讲机。

（五）房间安保设施

1. 门锁

门锁是保障住客安全最基本、也是最重要的设施，由于饭店规模、档次的差异，各饭店所使用的门锁各异。

2. 窥镜

窥镜安装在房门上端，为广角镜头，便于住客观察房间的外部情况。

3. 保险箱

供客人存放贵重财物。

4. 消防设施

房间内的消防设施包括自动喷淋系统、烟雾探测报警器、防毒面具、应急手电筒等。

第二节　客房消防工作

防火工作是饭店安全工作中最为重要的内容。一旦在客房区域内发生火灾，轻则造成人员伤亡和财物损失，令酒店声名狼藉；重则酒店付之一炬，不复存在。饭店必须建立一套完整的预防措施和处理程序，防止火灾的发生，减少火灾带来的不良后果。

一、火灾的种类与等级

（一）火灾种类

根据物质及其燃烧特性划分类别：

A 类火灾：指含碳固体可燃物，如木材、棉、毛、麻、纸张等燃烧的火灾；

B 类火灾：指甲、乙、丙类液体，如汽油、煤油、柴油、甲醇等燃烧的火灾；

C 类火灾：指可燃气体，如煤气、天然气、甲烷、丙烷、乙炔、氢气等燃烧的火灾；

D 类火灾：指可燃金属，如钾、钠、镁、钛、锆、锂、铝镁合金等燃烧的火灾；

带电火灾：指带电物体燃烧的火灾。

（二）火灾等级

按照一次火灾事故所造成的人员伤亡、受灾户数和直接财产损失，火灾等级划分为三类。

(1) 有下列情形之一的火灾，为特大火灾：死亡十人以上（含本数，下同)；重伤二十人以上；死亡、重伤二十人以上；受灾五十户以上；直接财产损失一百万元以上。

(2) 具有下列情形之一的火灾，为重大火灾：死亡三人以上；重伤十人以上；死亡、重伤十人以上；受灾三十户以上；直接财产损失三十万元以上。

(3) 不具有前列两项情形的火灾，为一般火灾。

二、火灾发生的原因

了解客房发生火灾的原因，可以防患于未然。根据《世界饭店》杂志对近年来饭店火灾部位及原因进行统计分析的结果表明，火灾多发生在客房区域，占饭店火灾的 68.8%。

客房发生火灾的原因主要有如下几种：

(1) 吸烟不慎引起火灾。吸烟不慎引起火灾在饭店火灾中居首位，起火部位多为客房。吸烟不慎引起火灾主要有以下五种情况。

①乱扔烟头、火柴棍，引起地毯、沙发、衣服、废纸篓、垃圾道起火。

②躺在沙发、床上吸烟，火星散落其上，阴燃引起火灾。这种原因引起的火灾在客房火灾中所占比例最大。

③客人将未熄灭的烟头放在沙发扶手上，因事后遗忘或掉落在沙发上引起沙发起火。

④客人将未熄灭烟头或火柴棍扔入烟灰缸内离去，引起缸内可燃物着火。这类火灾大多发生在烟灰缸靠近其他可燃物的情况下。

⑤在禁止吸烟的地方违章吸烟。在有可燃气体或蒸汽的场所，违章点火吸烟，发生爆炸起火。

【案例】起火的布草车

清晨，在客房部的3502房间，服务人员小董正在清扫房间，忽听走廊里有人呼叫“布草车起火了!”随着喊声，小董迅速跑出房间，一看原来正在自己推的那辆布草车冒起了白烟。小董吓坏了，赶紧向总机打电话，接着便和同事一起进行灭火。

事后，领导调查起火的原因，并做起了起火分析。首先，向小董询问是不是工作时间违章吸烟。二是，小董是否将房间内的烟头直接倒入了布草车。三是，通过监控结果是，小董没有在工作时间吸烟，自身原因排除；而是布草车内有小董倒入了从房间撤出未熄灭的烟头，违章操作而致。事后，小董受到酒店处罚。

【分析】本例告诉服务人员，要严格遵守店规店纪；明确一点，所有服务规程的环节都是总结了多年的服务经验和科学测算才制定出来的，是消除各种隐患，保障服务质量的法规，必须遵循。服务过程中的图省事，只会给自己带来更大麻烦和不便。

(2) 电气引起火灾。在饭店火灾中，由电气引起的火灾仅次于吸烟。

①电气线路引起的火灾。

电气线路往往由于超载运行、短路等原因，产生电火花、局部过热，导致电线、电缆和周围可燃物起火。

②用电设备引起火灾。

电气设备由于质量差、故障或使用不当引起火灾事故。

(3) 其他原因。

①宾客将易爆易燃物品带进客房，引起火灾。

②员工不按安全操作规程作业，如客房内明火作业，使有化学涂料、油漆等，未采取防火措施而造成火灾。

③防火安全系统不健全、消防设施不完备等。

三、火灾的预防

客房部日常的防火工作很重要，作为客房部应该结合本部门特点制定出适合本部门的火灾预防措施。

(一) 配备消防设备和器材

饭店必须建立自身的消防系统。饭店消防系统一般由火灾报警器、灭火器材、防火门、消防泵、正风送风机等组成。客房及客房区域通常需配备以下消防设备和器材：

1. 报警器

客房区域配备的报警器主要有：烟感报警器、手动报警器、热感报警器(温感报警器)。

2. 灭火器材

在客房服务中，为了防止火灾事故的发生，要求在客房区域配有下列消防器材：喷淋装置、消防栓、便携式灭火器等。

3. 配置防火设备设施

(1) 在客房区域内还应配置完整的防火设施设备，包括地毯、家具、床罩、墙面、灯罩、窗帘、房门等，应尽可能选择具有阻燃性能的材料制作。

（2）安全通道不准关闭、上锁，出口处不准堆放任何物品，以保持通道的畅通。

（3）确保电梯口、走廊、过道等公共场所足够的照明亮度；安全出口 24 小时都必须有照明指示灯；楼道内应有安全防火灯及疏散指示标志。

（二）完善消防管理制度，消除火灾隐患

（1）客房内配置完整的防火设施设备，包括地毯、家具、床罩、墙面、窗帘、房门等，尽可能选择具有阻燃性能的材料制作。

（2）禁止客人携带易燃、易爆物品入客房。

（3）不得在客房内自行安装电器设备，禁止使用电炉、电暖气等电器。提醒使用电熨斗的客人注意安全。

（4）及时清理楼道内的垃圾，保证疏散通道的畅通无阻。

（5）定期检查房内电器是否处于正常使用范围，有否超负荷用电。

（6）熟悉各种消防设备和设施的存放地点。

（7）定期打扫楼梯间、转弯处等隐蔽区域，杜绝隐患的存在。

（8）房内床头柜上摆放“请勿吸烟”的标志，烟灰缸应摆放在梳妆台上。

（9）发现火情时，应马上报告消防中心。

四、火灾事故的处理

客房楼层发生火灾时，客房服务人员应充分表现平时良好的专业服务能力和紧急应变能力，沉着冷静地按平时防火训练的规定要求迅速行动，确保宾客的人身财产和饭店财产的安全，努力使损失减少到最低程度。

1. 发现火情时的处理

（1）立即使用最近的报警装置，发出警报。

（2）及时发现火源，用电话通知总机，讲清着火地点和燃烧物质。

（3）使用附近合适的消防器材控制火势，并尽力将其扑灭。

（4）关闭所有电器开关。

（5）关闭通风、排风设备。

（6）如果火势已不能控制，则应立即离开火场。离开时应沿路关闭所有门窗。在安全区域内等候消防人员到场，并为他们提供必要的帮助。

2. 听到报警信号时的处理

（1）客房服务人员首先要能辨别火警信号和疏散指令信号。如有的饭店规定一停一响的警铃声为火警信号，持续不断的警铃声为疏散信号。

（2）客房服务员听到火警信号后，应立即查看火警是否发生在本区域。

（3）无特殊任务的客房服务员应照常工作保持镇静、警觉，随时待命，同时做好宾客的安抚工作。

3. 听到疏散信号时的处理

疏散信号表明饭店某处已发生火灾，要求宾客和全体饭店员工立即通过紧急出口撤离到指定地点。该信号只能由在火场的消防部门指挥员发出。

（1）迅速打开紧急出口（安全门）、安全梯，有组织、有计划、有步骤地疏散客人。

（2）组织客人疏散时，一定不能乘电梯。

（3）帮助老弱病残、行动不便的客人离房，楼层主管要逐间查房，确认房内无人，并在房门上做好记号。

（4）各楼梯口、路口都要有人把守，以便为宾客引路。

（5）待人员撤离至指定的地点后，客房部员工应与前厅服务人员一起查点宾客。如有下落不明或还未撤离人员，应立即通知消防队员。

【案例】 1998年5月6日下午17时，客房部18楼三位服务员温小姐、何小姐、黄小姐在各自岗位上工作时闻到异味，同时听到消防报警器发出警报声，于是她们马上按消防程序报出内部报警电话，并分头对房间进行检查，此时，服务员温小姐发现1850房有浓烟涌出，有一名外国小女孩很慌张地从房间跑出，温小姐意识到发生火灾了，如不在初起状态将火扑灭，后果将不堪设想，她立即进入房间，发现房内浓烟弥漫，床上的毛毯和床单已经烧着并迅速蔓延，而且还有一名小男孩在旁发呆。情况危急，她马上运用平时所学到的消防知识，冒着呛鼻烟雾进行扑救；与此同时，何小姐赶到，扯上两名外国小孩迅速离开。当消防员和有关部门人员赶到时火已被扑熄，事后经调查了解是该房印度客人的小孩趁大人不在时玩火所致。

【点评】 火灾在发生的初期是容易扑灭的，这要求在处理时发现早，懂得处理。案例中的服务员虽然不是专职消防队员，但在接受了正确的培训后能正确运用消防知识，及时处理，使得可能酿成大灾的事故最终化解。

五、火灾逃生要领

客房服务人员应了解火灾发生时的逃生要领，以便在火灾中及时给予宾客适当的指导和帮助，尽量减少火灾中的人员伤亡。

第一诀：熟悉环境，临危不乱。每个人对自己工作、学习或居住所在的建筑物的结构及逃生路径平日就要做到了然于胸；而当身处陌生环境，如入住酒店、商场购物、进入娱乐场所时，为了自身安全，务必留心疏散通道、安全出口以及楼梯方位等，以便在关键时候能尽快逃离火场。

第二诀：保持镇静，明辨方向，迅速撤离。突遇火灾时，首先要强令自己保持镇静，千万不要盲目地跟从人流和相互拥挤、乱冲乱撞。撤离时要注意，朝明亮处或外面空旷地方跑，要尽量往楼层下面跑，若通道已被烟火封阻，则应背向烟火方向离开，通过阳台、气窗等通往室外逃生。

第三诀：不入险地，不贪财物。在火场中，人的生命最重要，不要因害羞或顾及贵重物品，把宝贵的逃生时间浪费在穿衣服或寻找、搬运贵重物品上。已逃离火场的人，千万不要重返险地。

第四诀：简易防护，掩鼻匍匐。火场逃生时，经过充满烟雾的路线，可采用毛巾、口罩蒙住口鼻，匍匐撤离，以防止烟雾中毒、预防窒息。另外，也可以采取向头部、身上浇冷水或用湿毛巾、湿棉被、湿毯子等将头、身裹好后，再冲出去。

第五诀：善用通道，莫入电梯。规范标准的建筑物，都会有两条以上的逃生楼梯、通道或安全出口。发生火灾时，要根据情况选择进入相对较为安全的楼梯通道。除可利用楼梯外，还可利用建筑物的阳台、窗台、屋顶等攀到周围的安全地点；沿着下水管、避雷线等建筑上的凸出物，也可滑下楼脱险。千万要记住，高层楼着火时，不要乘普通电梯。

第六诀：避难场所，固守待援。假如用手摸房门已感到烫手，此时一旦开门，火焰与浓烟势必迎面扑来。此时，首先应关紧迎火的门窗，打开背火的门窗，用湿毛巾、湿布等塞住门缝，或用水浸湿棉被，蒙上门窗，然后不停用水淋透房间，防止烟火渗入，固守房间，等待救援人员达到。

第七诀：传送信号，寻求援助。被烟火围困时，尽量呆在阳台、窗口等易于被人发现和能避免烟火近身的地方。在白天可向窗外晃动鲜艳的衣物等；在晚上，可用手电筒不停地在窗口闪动或敲击东西，及时发出有效求救信号。在被烟气窒息失去自救能力时，应努力滚到墙边或门边，既便于消防人员寻找、营救，也可防止房屋塌落时砸伤自己。

第八诀：火已及身，切勿惊跑。火场上如果发现身上着了火，惊跑和用手拍打，只会形成风势，加速氧气补充，促旺火势。正确的做法是赶紧设法脱掉衣服或就地打滚，压灭火苗。能及时跳进水中或让人向身上浇水就更有效。

第九诀：缓降逃生，滑绳自救。高层、多层建筑发生火灾后，可迅速利用身边的绳索或床单、窗帘、衣服等自制简易救生绳，并用水打湿后，从窗台或阳台沿绳滑到下面的楼层或地面逃生。即使跳楼也要跳在消防队员准备好的救生气垫或4层以下才可考虑采取跳楼的方式，还要注意选择有水池、软雨篷、草地等方面跳。如有可能，要尽量抱些棉被、沙发垫等松软物品或打开大雨伞跳下。跳楼虽可求生，但会对身体造成一定的伤害，所以要慎之又慎。

六、消防设备和器材的使用

（一）报警器的使用

1. 烟感报警器的使用

当室内烟雾达到一定浓度时，烟感器便会自动报警。饭店常用烟感器有两种：一种是电离压力计烟感器，另一种是光电管烟感器。

2. 手动报警器的使用

手动报警器一般安装在每层楼的入口处，有楼层服务台的饭店则设在服务台附近的墙面上。当发现附近有火灾时，可以立即打开玻璃压盖或打碎玻璃使触点弹出，造成报警。另外还有一种手压报警器，只要按下这种报警器的按钮，即可报警。

3. 热感报警器（温度报警器）的使用

当火灾的温度上升到热感器的动作温度时，热感器的一弹片便自动脱落造成回路，引起报警。

（二）灭火器材的使用

1. 喷淋装置

喷淋灭火系统主要用来扑灭A类火灾，即木头、纸等引起的火灾。当室内温度达到喷淋装置的启动温度（一般可选择启动温度为57.2～79.4℃）时，喷淋装置器内的水银球受热剧烈膨胀致使水银玻璃球爆裂，被球支撑的密封喷水口开放，水便喷到溅水盘上形成均匀洒水，起到降温灭火作用。洒水面积一般为10平方厘米左右。消防室显示板上同时报警并显示喷洒区域。

2. 消防栓

消防栓装置主要是用水来扑灭火灾。水作为灭火剂的主要作用是冷却，而且汽化后的水还可以排开空气中的氧气，使燃烧过程因缺氧而被抑制。水呈中性，无毒无腐蚀性。因水能导电，故不能用来扑救B类火灾和C类火灾；在未事先切断电源的情况下，不能用来扑灭不溶于水和比水轻的易燃液体引起的火灾，如苯、醚类；亦不能用来扑灭沸点低于80℃的易燃液体的起火，尤其不能用来扑救金属钾、电石、多卤化物、钠、过氧化钠等物品引起的火灾，因为这些物品能与水发生化学反应，产生易燃和有毒的气体。

客房的每层楼都设有安装消防栓的消防柜。消防栓的出水口径一般为50～60mm，其接口大多数是内扣式，也有少数为压簧径式。消防栓的使用方法是：打开消防柜，卸下出水口的堵头，安上消防栓接扣，接上消防水带，接口要衔接牢固；然后将水带甩开，注意水带不要拧花和打结；最后拧开闸门，即将水送往火场。使用完毕，应先关掉闸门，然后将水带分解开，卸下接口，把堵头装好。消防水带每次使用后要冲洗干净，晒干卷好，不定期进行检查，如发现漏水要及时修好。

3. 便携式灭火器

客房区域常配备二氧化碳、干粉及干化学剂类便携式（手提式）灭火器，用来扑救各类火灾，特别是可以扑救B类和C类火灾，即易燃液体和电力起火。在配置时，一般为每50～100m2配1个。

a. 二氧化碳灭火器。二氧化碳灭火器主要用于扑救电气火灾、着火范围不大的油类物质、电石、精密仪器设备、重要文件等起火，但不适于金属钾、钠等物品火灾。其原理为：液态二氧化碳从灭火器喷出后，迅速蒸发，变成固体雪花状的二氧化碳，又称干冰，其温度是－78℃。固态的二氧化碳射至燃烧物体上，受热迅速挥发变成气体。当二氧化碳气体在空气中达30%～35%时，物质燃烧即会停止。所以二氧化碳灭火器的作用是冷却燃烧物和冲淡燃烧层空气中氧的含量，使燃烧停止。手提式二氧化碳灭火器主要有两种：一种是手动开启式的灭火器在使用时应先拔出保险销，一手握住喷筒把手，对准着火物体，另一手把鸭舌往下压，二氧化碳即由喷嘴喷出，不用时将手放开即行关闭。喷射时应将铅封去掉，一手握住喷筒把手，对准着火物体，另一手将手轮按逆时针方向旋转开启，二氧化碳气体即行喷出。二氧化碳灭火器喷射时间不定，有效射程一般为3m。使用时要注意风向，不能逆风使用，以免影响使用效果。喷射时应从火源上方往下喷射，并要保持一定的角度，使二氧化碳能迅速覆盖住火源。二氧化碳灭火器是高压容器，不怕冻，但怕高温，其存放环境温度为10～45°C，所以不可放在火源和热源附近，并要定期检查。

b. 干粉灭火器。可用于扑灭大多数类型的火灾，如易燃液体，金属着火，电起火，纸类、纺织品火灾等。干粉灭火器是一种微细的粉末与二氧化碳的联合装置，靠二氧化碳气体作动力，将粉末喷出扑灭火灾。干粉无毒、无腐蚀作用。干粉灭火器有手提式和推车式两种，饭店用的多是手提式干粉灭火器。使用时，拔出保险销，一手拿着喷嘴胶管，对准燃烧物体，另一手握住提把，拉起提环，粉雾即喷出。有效射程4.5m。

c. 泡沫灭火器。主要用来扑灭油类、可燃液体和可燃固体的初起火灾，但是不宜扑灭可溶性液体（如酒精等）的火灾；不可用于电走火的火灾扑救。泡沫灭火器内装有酸性物质（硫酸铝）和碱性物质（碳酸氢钠）。这两种水溶液经混合后发生化学反应，产生化学泡剂，可使泡沫稳定、持久，提高泡沫的表面张力，但不参加化学反应。化学泡沫是由泡沫灭火剂的水溶液，通过物理、化学的作用，充填大量气体（二氧化碳或空气）后形成的无数小气泡。由于它的密度远远小于一般可燃、易燃液体的密度，因而可以漂浮于液体的表面，形成一个泡沫覆盖层。灭火的泡沫还具有一定的黏附性，可以黏附于一般可燃固体的表面，形成泡沫覆盖层，隔断火焰的热辐射并对燃烧表面进行冷却，降低燃烧物附近氧的浓度，以达到灭火效果。使用方法：将灭火器颠倒握牢，使泡沫从外向内射向火源。其有效射程一般为8～13.5m。

第三节　客房防盗工作及其他安全事项

除了火灾是客房部最需要警惕防范的敌人外，偷盗和其他的一些安全事故也不能等闲视之。

一、客房防盗工作

偷盗现象在饭店里时有发生，尤其在管理不善的饭店更是如此。偷盗的发生或多或少地影响客人在饭店内的正常活动，直接或间接地影响饭店的声誉。客房部应采取有效措施，预防偷盗事件的发生。

（一）客房失窃类型

客房失窃可分为饭店财物失窃和宾客财物失窃两种类型。

1. 饭店财物失窃

饭店失窃的物品通常有床单、毛巾、毛毯以及客房用品。失窃金额虽然比较小，但还是要引起客房部员工的重视。

【案例】客房物品失窃事件

8月15日下午14时左右，楼层领班报警说：“8063房间的客人将里稍微值钱的物品——电脑显示屏及主机零件、电秤、洋酒等都给偷走了”，部门积极进行调查并报公安机关处理，后通过监控发现该房间的客人未到总台办理退房，于15日早上7：10分直接将房间的物品装到大号手提袋带离酒店。

经调查后分析失窃原因，有两点：①由于客人在房间租赁了电脑上网，而酒店并未收取该客人的电脑租用押金。②门岗员工对在特殊时间段携带较多物品离开酒店的客人未及时进行关注。

【点评】酒店遭遇宾客偷盗，大多属于顺手牵羊式，也就是宾客在退房时取走客房备品或从工作车上“顺”走布件而服务员在查房时没有及时发觉，像本案例中宾客刻意偷盗的行为还是少见，也正因如此，可能服务员就放松了警惕，首先在防范意识上就排除了宾客会如此作案。其实除了酒店分析出的两点原因外，客房服务员如果保持警惕，一定能从客人的举动中看出一些蛛丝马迹，不至于发生这样的失窃事件的。

2. 宾客财物失窃

为避免客人丢失贵重物品，服务员应提醒宾客要做好贵重物品的登记工作。

（二）客房失窃的原因

客房失窃事件在各个饭店中都时有发生，不光是客人会受到财物的损失，就是饭店本身也会受到一定影响。分析客房失窃的原因，有如下三种：

1. 员工内盗

员工内盗是指饭店内部员工的偷盗行为。心理学中研究得出，人有从众行为，容易仿效，当一名员工被发现有偷盗行为，而不及时进行阻止的话，其他员工可能会学样。

2. 宾客盗窃

宾客偷盗是指住店宾客中的不良分子有目的或者是顺手牵羊的偷盗行为。

3. 外来人员盗窃

外来人员盗窃是指社会上一些不法分子进入饭店而引起的偷盗行为。

【案例】顾客遭窃只剩短裤

吉林省某县的两位县级负责人住进沈阳某大厦508房。次日凌晨1点多，两人回到房间，锁上电子门锁和防盗扣后，二人脱衣睡觉。早晨4点左右，保安人员巡查时发现508房间的门开着，马上让总台通知房客将屋门关上。二人起来关门时，突然想到睡前屋门锁得好好的，怎么会开呢？这时他们才发现提包和放在床头的手机不见了，脱下的衣服也没了。当黄河派出所民警赶到现场时，二位县级领导只能尴尬地穿着短裤接受调查。

民警在宾馆服务员的配合下，在510房间里找到了508房间丢失的部分物品，但现金和值钱物品已不见踪影。据当事人介绍，丢失的现金加上物品价值在2.6万元左右。就在民警调查之际，515房间的黑龙江来沈办案的律师吕先生看到自己的房门也是打开的，马上检查物品，发现自己的房间也遭到了洗劫，一万多元现金被盗走。吕先生注意到，电子门锁没有丝毫损坏，但防盗扣已被剪断。

当记者询问宾馆在安保方面是否存在问题时，工作人员透露，由于宾馆属于边装修边经营的方式，有些设施正在逐渐完善，案发的五楼确实没有监视系统。对于门锁的问题，这位工作人员介绍，宾馆使用的是智能化电子门锁，一张卡片只能打开一个门锁，为什么窃贼能在不损坏门锁的前提下打开门锁，他们是百思不得其解。

沈阳市皇姑区公安分局刑侦人员已经介入此案的调查，510的客人是此案最大的嫌疑人。该房间的客人在案发后神秘失踪，也没有办理退房手续。据总服务台的工作人员查询，510的客人是中午入住的，使用的是湖北身份证。警方根据510客人留下的登记资料和宾馆大厅的监控录像资料，已经开展调查。

【点评】 社会在发展，不法分子的“犯罪智商”似乎也在提高。现在在宾馆酒店发生的失窃事故常有一个共同之处，那就是犯罪嫌疑人先是以顾客的身份入住酒店成为酒店的客人，以赢取酒店工作人员的尊重和信任，再图谋不轨。不法分子很明白这一心理，就是一旦成为酒店的客人，就受尊重、很自由。酒店工作人员为了尊重客人，一般不会打扰客人，不会干涉客人的活动，更不会盘查客人。而不法分子不管是先入住打探消息，还是案发当晚开房，或者入住其他酒店，都不会以其真实身份入住，签名的字迹也是故意有所区别的。这样就不至于给日后的侦破留下痕迹。

不法分子的手段“高明”，酒店就要做出应对措施。除了加强安全设施的配备，树立起员工的安全防范意识更加重要，保持警惕，对异常行为敏感，才有可能识破不法分子的不良企图。

（三）盗窃事故的预防

为有效防止失窃事件的发生，应针对不同的失窃原因采取相应的预防措施。

1. 防止员工偷盗行为

客房部的员工平时接触饭店和宾客的财物，因此，客房部应从实际出发制定以下有效防范员工偷窃的措施：

（1）聘用员工时，严格进行人事审查。

（2）制定有效的员工识别方法，如通过工作牌制度识别员工。

（3）客房服务员、工程部维修工、餐饮部送餐服务员出入客房时应登记其出入时间、事由、房号及姓名。

（4）制定钥匙使用制度。客房服务员领用工作钥匙必须登记签名，使用完毕后将其交回办公室。

(5) 建立部门资产管理制度，定期进行有形资产清算和员工存物柜检查，并将结果公之于众。

(6) 积极开展反偷盗知识培训和对偷盗者的教育培训。

2. 防止客人偷盗行为

客房部制订科学、具体的“宾客须知”，明确告诉宾客应尽的义务和注意事项。也可以采取以下措施：

(1) 在饭店用品上印上或打上饭店的标志或特殊标志，使客人打消偷盗的念头。

(2) 制作一些有饭店标志的精美的纪念品：如手工艺品等，给客人留作纪念。

(3) 做好日常的检查工作，严格管理制度，杜绝不良客人的企图。

3. 防止外来人的偷盗行为

饭店周围可能会有一些不法分子在盯着客人伺机而动，因此：

(1) 加强楼层进出口控制，及其他场所的不定时巡查；

(2) 加强安全措施，对于有价值的物品（如景泰蓝花瓶）摆放在公共场所的，要注意保护；

(3) 注意来往人员携带的物品，对于可疑人物尤其要高度重视。

【案例】这是一桩发生在某旅游饭店的案件，是罪犯冒充服务人员行窃住客财物的另一模式。团体客人的行李是在团体住客分配好房间以后，才由行李员送到客房楼层客房，不像单身住客是把行李个别送进房间。在这段时间内，客人进入房间后，行李尚未到来，也不能洗澡换衣，多数都是开着房门与左右同团的伙伴聊天，甚至是穿梭在几个客房之间，情况较为混乱，最容易为不法之徒所乘。就在行李到达、客人刚拿到行李进房时，就有一位自称是饭店服务员的青年男子进入一间客房，见只有一位客人，就一面搭讪一面进入浴室放水，请客人入浴。这位客人没有经验，乖乖地脱下衣裤进入浴室，也许在心里还称赞这家饭店的服务很周到，工作人员待人亲切。哪知洗完澡出来，衣裤口袋里的现钞全部被人一扫而光。其实就在那混乱的一段时间内，不法之徒就已与客人混杂在一起，客人以为是饭店服务人员；行李员在送行李时虽也曾发现有好像不是住客、同时也不像是旅行社的人员，但总是心不在焉地把行李放下后就快速离开。很多客人就是在这种情况下损失了财物，把原本是快乐的旅行变成一桩烦心事。

【点评】在这宗案例里，本来不法分子是不容易得逞的：只要保安员控制好楼层出入口，盗贼将进不了楼层；行李员如果发现了那个既非住客又非本酒店员工的人逗留，盗贼将进不了客房；客房服务员如果巡视比较频密，盗贼将无路可逃。可在这些环节上酒店都大开方便之门，难怪外来盗贼可以如入无人之境。

（四）失窃事故的处理

虽然防盗工作一直在做，但仍无法完全杜绝盗窃事故的发生，因此，一旦发现此类事情，对于饭店而言，还是要正确处理好。

(1) 接获客人投诉在房间内有财物损失，应立即通知以下单位（人员）：值班经理；保安部；客房部。

(2) 封锁现场，保留各项证物，会同保安人员、客房部人员立即到客人房内。

(3) 将详细情形记录下来（参见表 6—1）。

表 6—1　宾客财物被窃情况表

<table>
<tr><td>姓名</td><td colspan="2"></td><td>房号</td><td></td><td>报案时间</td><td></td></tr>
<tr><td colspan="2">发现财物被窃时间</td><td colspan="2"></td><td colspan="2">最后一次见到
财物的时间</td><td></td></tr>
<tr><td colspan="7">被窃财物描述：</td></tr>
<tr><td colspan="7">您认为可能的情况：</td></tr>
<tr><td colspan="3">客人签字：</td><td colspan="4">保安部经手人签字：</td></tr>
</table>

(4) 向保安部调出监控系统的录像带，以了解出入此客房的人，便于进一步调查。

(5) 过滤失窃前曾逗留或到过失窃现场的人员，假如没有，则请客人帮忙再找一遍。

(6) 千万不能让客人产生“饭店应负赔偿责任”的心态，应树立客人将贵重物品置放在保险箱内的正确观念，这才是首要预防盗窃的措施。

(7) 遗失物确定无法找到，而客人坚持报警处理时，立即通知警卫室人员代为报警。

(8) 待警方到达现场后，让警卫室人员协助客人及警方做事件的调查。

（9）将事情发生原因、经过、结果记录于值班经理交班本上。

（10）对于此类盗窃意外，除相关人员外，一律不得公开宣布。

二、客房房间门锁管理制度

1. 门锁IC卡种类功能说明

（1）应急卡：能开全部门锁及反锁。

（2）总控卡：能开全部门锁，不能开反锁。

（3）服务员卡：能开指定楼层全部门锁，不能开反锁。

（4）挂失卡：将遗失损坏的卡（包括各种类的卡）挂失，使其失去开锁功能。

2. 房间门锁机械匙及IC卡种类持有人名单

（1）机械匙由总经理或总经理助理保管。

（2）应急卡：由客房部经理和值班经理各持一张（值班经理的卡存放于前台，使用时到前台申领，并做好交接填写领用时间，退还时间）。

（3）总控卡：由楼层主任和领班各持一张。

（4）服务员卡：由各楼层当班服务员持有，各楼层一张。注：总控卡和服务员卡的管理由客房部具体制定。

（5）客人卡：由前台接待处当班员工负责收发和保管。

（6）挂失卡：由前台接待处当班员工负责挂失（只限客人卡操作）。

3. 房间门锁IC卡种类操作权限

（1）应急卡、总控卡、服务员卡由电脑管理员负责制作和挂失。

（2）客人卡的收发与挂失由前台接待员负责。

4. 如遇到在住房间反锁时

发生特殊情况需要进房处理，楼层管理人员必须通知客房部经理（客房部经理不在时，通知值班经理）和保安员，利用应急卡开锁，并由双方做好相关记录。

5. 当所有卡类不能开锁时

由客房部经理通知总经理或总经理助理用机械匙打开。

6. 备用空白的IC卡由客房部经理保管

客房房间门锁日常维护及维修工作由工程部负责，门锁有关软件由电脑管理员负责管理。

【案例】电子门锁绝对安全？

某酒店日前发生离奇盗窃案。根据警方现场勘测，房间门窗紧闭，没有撬动的痕迹，屋内也没有翻动的迹象，精明的小偷没有留下任何指纹或物品，此事成为一个疑案。

根据酒店提供的失窃房电子门锁的磁卡开锁记录，失窃时间段未发现开锁记录，而电子门锁的应急机械钥匙（如用应急机械开门，则不会在电子门锁的开锁记录上留下痕迹）据酒店方称由该酒店保安科长保管，从未启用过。目前上海警方就此案正进行进一步调查。但与此同时，殷先生等客人向酒店提出了赔偿的要求。

上海××律师事务所律师认为，酒店没有必要对客人被盗负责，因为酒店没有保护客人财产的义务，客人身边的现金或贵重物品可以寄存在酒店或银行等处，由他们来保管。若客人寄存在酒店保险箱内的物品被盗，酒店则应该对此负责。同时，律师认为酒店应该向顾客分发酒店入住手册以提醒顾客寄存贵重物品，或者在一些显著位置作出说明。

同样的事件，另一律师事务所的律师认为，客人在酒店，酒店应该负责其安全，但究竟酒店对这次盗窃事件应负多大的责任现在来说无法确定，因为谁也不清楚问题是出在酒店保安、总服务台还是其他相关人员身上，或者这是一件高科技犯罪。酒店的责任大小必须等破案后，根据这些因素综合分析后才能下结论。另外，殷先生被盗的钱款现在也无法查实，同样需要小偷来交代，否则只能任其“悬而不决”。

对于两起盗窃案的受害住客，酒店的高先生表示愿意赔偿他们的损失。至于赔偿的数目，他们必须首先征求公安方面的意见，再作处理。同时表示酒店正是太过分相信电子门锁的安全功能，放松了应有的警惕，才拆除了客房的防盗扣。现在酒店已经重新安装防盗扣。

【点评】

电子门锁的使用本是加强酒店钥匙管理的先进手段，与普通门锁相比，有不易复制、可反复使用、便于携带和配置等优势，但由于电子门锁的电脑系统往往独立于酒店管理计算机系统之外，如果不加强门锁的制卡系统及机械钥匙的管理，健全相应的管理制度，建立科学严密的操作程序和审核流程，则势必给不法分子以可乘之机，给酒店造成难以估量的损失。

同时，有了电子门锁，并不意味着常规的安全措施可以取缔，也不意味着酒店的警示标志可以废止（许多酒店甚至在房门后的紧急疏散图上，用醒目的文字提示客人：“为了您的安全，睡前请合上防盗扣。”）。安全工作无小事，因为没有安全，就没有旅游。

三、劳动保护

劳动保护就是保障员工工作过程的安全与健康所采用的各种技术措施。搞好劳动保护，关键应抓好以下四项工作：

1. 坚持安全生产，防止工伤事故

通常认为，在酒店工作，特别是客房工作，当然不属于高危行业，是非常安全的。话虽如此，如不注意安全违反操作规程、漫不经心，就极易发生工伤事故。所以，要防止工伤，就要树立安全意识，坚持安全生产。

知识链接

任何工伤意外的发生必有因。美国一家保险公司的研究结论显示，所有工伤意外中，源于环境的不安全因素的占10%，源于动作不安全者占88%，只有2%的意外源于不可抗力。美国工业安全专家韩里奇（Heinrich）研究分析工作的原因，得出一个法则：1∶29∶300法则，意为一件造成重伤的工作发生以前，已经有29件类似原因引起的轻伤；在这之前则已有过300件无伤害的惊吓事故发生。人们往往不会注意没有造成伤害的惊吓事故，认为并无大碍，不必大惊小怪，小题大做。殊不知可能就有一次重大的工伤意外等着他们。所以，假若每人都树立牢固的安全生产意识，或者是在一次遭受惊吓而没有受伤的经验后立刻能警觉，从而更加小心谨慎，那么人们就能远离工伤事故。

2. 改善劳动环境，预防职业疾病

酒店劳动环境的好坏，不仅影响到员工的工作热情和效率，而且也关系到员工身心健康。如果一名员工长期在嘈杂、阴暗、潮湿、高温等环境下工作，将会导致某些职业病的发生。如楼层服务员要注意预防腰肌劳损，洗衣房工作人员须注意预防听力受损、关节炎症、户外工作的员工要注意防止中暑等。酒店对员工工作环境要注意改善，另外还要定期为员工进行健康检查，建立健康档案。

3. 实行劳逸结合

实行劳逸结合，就是要既要为酒店出勤出力，又要保证员工的休息。因此，酒店必须合理组织劳动，尽量避免不必要的加班加点，以保证员工有足够的休息时间。同时，要注意组织各种文体活动，增强员工的体质。

4. 注意保护和保障女员工健康

酒店的员工中女员工所占的比例远高于男员工，同时由于生理特点，女员工比男员工更易疲劳和患病，所以酒店应对女员工在休假、津贴等方面实行必要的特殊优惠政策。

四、其他意外事故的防范

凡是能导致对客人造成伤害的任何不安全因素，都在被严格防范之列。在饭店管理过程中，防止意外事故的发生是不可忽视的重要内容，客房部对此类情况更要做好妥善处理工作。

（一）遇到自然灾害的处理

自然灾害常常是不可预料或无法抗拒的，包括水灾、地震、飓风、龙卷风、暴风、雪等。自然灾害的发生，会引起客人的恐慌，作为饭店的服务人员应以轻松的心情、沉着的态度来稳定客人的心，同时客房部应做好相关的安全计划，具体的内容包括：

（1）客房部及其各工作岗位在发生自然灾害时的职责与具体任务。

（2）应具备的各种应付自然灾害的设备器材，并定期检查，保证其处于完好的使用状态。

（3）必要时的紧急疏散计划（可以类似火灾的紧急疏散计划）。

（二）突然停电的处理

停电事故可能是外部供电系统引起的，也可能是饭店内部设备发生故障引起的。停电常会造成诸多不便。因此，饭店须有应急措施，如采用自备发电机，保证在停电时能立即自行启动供电。客房部在处理停电事故方面，应该制定周密计划，使员工能从容镇定地应对。具体的内容包括：

（1）若预先知道停电消息时，可用书面通知方式告知住店宾客，以便宾客早做准备。

（2）及时向客人说明是停电事故，正在采取紧急措施恢复供电，以免客人惊慌失措。

（3）即使停电时间较长，所有员工都要平静地留守在各自的工作岗位上，不得惊慌。

（4）如在夜间，使用应急灯照亮公共场所，帮助滞留在走廊及电梯中的客人转换到安全的地方。

（5）加强客房走廊的巡视，防止有人趁机行窃，并注意安全检查。

（6）防止客人点燃蜡烛而引起火灾。

（7）供电后检查各电器设备是否正常运行，其他设备有没有被破坏。

（8）向客人道歉并解释原因。

（9）做好工作记录。

（三）客人意外受伤的处理

客人在客房内遭受的伤害大多数与客房内的设备用品有关，一是设备用品本身有故障，二是客人使用不当。一旦宾客负伤、生病等紧急情况时，必须向管理人员报告，同时应立即采取救护行动。

（1）开房门发现客人倒在地上时，应注意宾客是否在浴室倒下；是否因病（贫血或其他疾病）倒地；是否在室内倒地时碰到家具；身上是否附着异常东西（绳索、药瓶等）；倒地附近是否有大量的血迹；应判明是否因病不能动弹，是否已死亡。

（2）在发生事故后，应立即安慰客人，稳定伤（患）者的情绪，注意观察病情变化，在医生来到之后告知病情。

（3）服务人员在医护人员来到之前，也可以进行临时性应急处置：如果伤处出血时，应用止血带进行止血，如果不能缠绕止血带时，用手按住出血口，待医生到达后即遵医嘱。

（4）如果是轻度烫伤，先用大量干净水进行冲洗；对于重度烫伤，不得用手触摸伤处或弄破水泡，应听从医生的处理。

（5）如果四肢骨折时，先止血后用夹板托住；如果是肋骨骨折，应在原地放置不动，立即请医生处置。

（6）如果头部受了伤，在可能的情况下要小心进行止血，并立即请医生或送往医院。

（7）如果后背受了伤，尽量不要翻身体，应立即请医生或送往医院。

（8）如果杂物飞进眼睛，应立即上眼药或用洁净的水冲洗眼睛。

除此之外，为尽量减少发生客房内的意外事故，在平时的工作中，服务员要增强责任心，细心观察，严格按照岗位职责和操作规程办，管理人员查房时也要认真仔细，不走过场，许多不安全因素就会被消灭在萌芽状态。

（四）客人死亡的处理

客人死亡是指宾客在饭店内因病死亡和自杀、他杀或原因不明的死亡。

1. 正常死亡客人的处理规定

（1）正常死亡需公安机关对尸体做出检验才能定论。

（2）国内人员可根据死亡者所留下的证件、电话号码等与其亲属联系，并根据中国法律进行处理。

（3）国外人员除以上方法与大使馆或领事馆取得联系外，还要尽可能的根据各国的民族风俗进行处理。

2. 非正常死亡客人的处理规定

（1）立即报告公安机关。

（2）无论是室外、室内的死亡现场，都必须保护尸体和保护现场的各种痕迹、物证不受破坏。

（3）遇悬挂着的人体，检查是否还有体温，是否还有脉搏、呼吸，应首先考虑抢救，抢救时可先用剪刀剪断颈部的绳或带，将人体卸下时避免造成新的伤痕，并将绳或带保存好；如确认已经死亡，则不要移动尸体，待公安人员到场后进行处理。

（4）如室外遇急救人命、抢救财物、排除险情等必须进入现场或必须移动现场物品时，保安员应尽量避免踩踏现场的足迹和触摸现场的物品，对罪犯留在现场的物品、工具等不要用有浓烈气味的物品遮盖，以免破坏嗅源。

3. 住客在店期间不幸死亡的处理程序

（1）发现住客死亡之后，应立即与医生、保安主任和房务主管一起进房。

（2）迅速通知死者的家属、工作单位、接待单位、同行人员。如是境外人员，须及时通知投保的保险公司。

（3）通知饭店总经理及有关部门的经理，通知总台接待部封锁该房，注意房号保密。死者运出之前该层一般不安排客人入住。

（4）征得死者家属或单位同意后，报公安机关，并接受法医验尸。

（5）尽快将死者转移出饭店，转移时注意避开住客，可选择夜深人静之时从员工梯降到后区出店。

（6）死者的遗留物品应及时整理、清点和记录，作为遗留物品妥为保存，待死者有继承权的亲属或委托人认领并做好领取的签收手续。

（7）前厅部经理应根据调查的结果写出客人在店期间死亡及处理经过的报告，经总经理审阅通过，一份留饭店备案，其余的交给死者亲属及有关单位和人员。

（8）对死者的死因不做随意的猜测和解释，统一由饭店指定的权威人士解答。

（9）请卫生防疫部门严格消毒客房，客人用过的物品和卧具焚毁处理。

知识链接

有一定经营历史的酒店，没有哪家会从不摊上一宗半宗的住客死亡案件：自杀的他杀的，病死的老死的，不一而足。一旦在酒店里发生这种事件，对员工的心理压力还是很大的，特别在楼层里三班倒的情况下。处理这种事件似乎也没有特别好的办法，唯一能做的是等待时间的流逝。可是有一位管理人员

（还是个女的）做出了这么一个举动：她当晚留宿在发生死亡事故的那间客房！以此来消除下属员工的心理阴影。

（五）客房防爆

饭店客房的防爆工作是指为了宾客人身财物安全，对需要保护的人员、特殊财物、特殊区域，如重要宾客、秘密文件、特殊设施、保密会议等的保卫工作，及对于企图破坏饭店或宾客安全的不安定分子进行警戒、防备、探察、制裁等积极的防范工作。因此，饭店应做好客房防爆管理工作。

（1）要让饭店的所有管理人员和职工尤其是客房部员工明白防爆的重要性和懂得防爆的知识。饭店内不得存放任何危险品。平时整理客房时要注意观察异常物品；在服务过程中要注意可疑的人。

（2）饭店要制定防爆方案，进行防爆演习，可以同防火工作联系在一起。

（3）对于发生爆炸以后的现场，立即组织人员警戒，除医务人员，消防人员和公安人员，其他人员一律不得进入现场。已死亡者，应等待法医鉴定处理。现场目击者应问清情况，并详细记下姓名、住址、单位等，以便事后询问。

（4）事故处理完后，写详细报告并存档。

【案例】某酒店接到匿名电话，声称恐怖组织，在酒店内放置了炸弹。酒店一面向公安部门报告，一面集中高层管理人员商讨对策。经过商讨，酒店方得出结论：如果置之不理，出了事是严重失职，但贸然疏散上千名客人，造成混乱，到时是虚惊一场的话，也要负责任。如今之计，只好配合公安进行地毯式搜索，希望能找到炸弹。于是各路人马将偌大的酒店里里外外仔细搜查，毫无结果。公安人员判断，这应该是“诈弹”而已。

（六）预防外来侵入和骚扰事件

客房部安全管理工作还要预防外来侵入和骚扰事件，此类事件既影响了饭店的正常营业，威胁着饭店、客人的名誉安全，也干扰、妨碍客人在饭店中的正常活动与休息。因此，要做好预防工作，防患于未然。

1. 预防外来侵入

为防止住客在客房内遭受外来的侵扰，客房门上的安全装置是十分重要的，包括能双锁的门锁、安全链、无遮挡视角一般不低于 160°的门镜、其他能进入客房的入口处的门（阳台门、连通门等）都应能上闩或上锁。

2. 预防骚扰

预防外来的对住客的骚扰，尤其是娼妓骚扰（往往采用打电话式），是客房安全管理中很棘手的一个问题。不但影响饭店的声誉和正常营业，而且也干扰了客人在饭店中的正常活动和休息，威胁着客人的安全。根据国内外一些饭店的经验，可以采取较为灵活的方法加以控制：

(1) 保安人员和服务人员不动声色地进行监视，一旦有娼妓嫌疑的人准备乘电梯上楼时，保安人员既用对讲机或电话通知楼层服务员，告知其特征，注意对其的“接待”。

(2) 当“客人”走出电梯时，客房服务员可让其办理访客登记手续，并以巧妙方式提问试探，必要时可委婉地请其上楼。

(3) 客房服务员应尽量记住住客和访客，特别是一些可疑者的特征，如发现异常情况及时向管理人员或保安部门报告。

(4) 可在饭店总机房安装电话来电显示器，如发现有相同号码的电话经常打往饭店不同客房时，可采取预防措施。

(5) 当客房部员工发现有住客带暗娼进房时，应报告饭店保安部。

【案例】

场景一：某天晚上，客房中班服务员小叶发现一名衣着妖艳的年轻女子进入 2333 客房，凭直觉，她马上意识到有可疑，随即通知了保安部值班室。接报后，保安领班即时对该区域进行了监控，在晚上 11 点多钟，当该女子从房间大模大样走出来时，就被保安员“请”到了值班室，经过调查发现，这是一桩利用色情作引诱，使用麻醉药物使房客昏迷进行盗窃的恶性案件。从这名女子身上查获出所盗的万元赃款、银行信用卡和一大批个人贵重物品。尽管作案疑犯手法十分狡猾而且隐蔽，但最终逃不过服务员、保安员的眼睛，并由此协助公安机关破获一连串类似的案件。

场景二：一天晚上，某实习生站在电梯间值台。随着电梯铃响，到本楼层电梯里走出一位男性客人，实习生认得他是住在本楼层某号房的一名日本客人，他身后还跟着一名年轻女子。虽然语言不通，但实习生还是打着手势，要求女子作来访登记。日本人拼命摇头摆手的，示意不愿做登记，并拿出一千日元塞给实习生，要求行个方便。可能实习生觉得很难勉强客人登记，收下客人给的“小费”后就不再要求客人登记，任由日本人把那个年轻女子带进了房间。不料在摄像监控镜头里保安员看到了这个场景，赶到该楼层，按照规定把该名女子请出了房间。日本人心觉不忿，居然向实习生索回了那一千日元。实习生好处没捞着，还受到了酒店的严肃批评。

【点评】外来骚扰，很多是住客不检点、不自尊，主动搭讪“流莺”（广州话里说的企街女）。有些酒店对这种现象的危害性认识不足，认为那是客人的私事，酒店不宜干涉过多，个别酒店则顾虑如对这种行为控制过会影响酒店的生意。殊不知如果住客的这种行为如果泛滥，引起正派客人的反感，酒店将得不偿失，何况现在以色情引诱进行盗窃、抢劫的案例时有发生，一旦在酒店里发生一起此类事件，酒店在行内就别想抬头了。酒店涉黄，还会触犯法律，我国就先后有珠海国×酒店、重庆希×顿酒店因涉黄被严肃处理，重庆希×顿还因此事，根据《旅游涉外饭店星级的划分及评定》的相关规定被取消了五星级酒店的资格。另外，员工对此类事情应如何处理，酒店要加强培训，给予明确的指引和要求。案例二里的实习生未必就是见钱眼开，以其经验来讲要应对这种客人未免手足无措、不得要领。

思　考

1. 安全工作如何体现安全管理的“内紧外松”原则？
2. 如何有效地排除火灾隐患？
3. 如何杜绝员工内盗？

练　习

1. 搜集几个因设施原因造成人员伤亡的案例。
2. 对照本章内容学习本酒店（学校）的安全管理制度。
3. 火灾疏散演习。
4. 模拟使用消防器材。
5. 如果你是本章案例里的实习生，你应该如何应对带“小姐”进房的住客？

附　录

附录一　客房专业英语

客房设备、用品

escalator 自动楼梯
elevator，lift 电梯
ground floor（英）底层，一楼
first floor（英）二楼，（美）一楼
second floor（英）三楼，（美）二楼
floor 楼层，地板
balcony door 阳台门
table 桌子
desk 书桌
drawer 抽屉
chair 椅子
rocking chair 摇椅
armchair 扶手椅
couch（小）沙发
easy－chair 安乐椅
bedclothes 床上用品
quilt 被子
cotton quilt 棉被
feather－quilt 鸭绒被
blanket 毯子
sheet 床单
mattress 床垫
pillow 枕头
pillowcase 枕套
bed cover，bedspread 床罩
fabric 织物，织品
drapery 织 物
carpet 地毯
cushion 靠垫，垫子
curtain 窗帘
venetian blind 软百叶窗帘
electric radiator 电暖炉
refrigerator 电冰箱
TV set 电视机
couch，sofa（长）沙发
tea table 茶几
tea trolley 活动茶几
bookshelf 书架
bookcase 书柜
wardrobe 衣柜
night table 床头柜
cabinet 橱柜

bed 床
single—bed 单人床
double—bed 双人床
baby cot（infant’s crib）婴儿床
head board 床头架
folding screen 屏风
carpentry 木器（总称）
bedside lamp 床头灯
wall lamp 壁灯
lampshade 灯罩
reading—lamp 台灯
radiator 暖气片
hanger 挂钩
switch 开关
plug 插头
socket 插座，插口
thermometer 温度计
call button 传唤按钮
spring 弹簧
dressing mirror 穿衣镜
thermos 热水瓶
tea pot 茶壶
coffee pot 咖啡壶
milk jug 牛奶壶
tray 托盘
alarm clock 闹钟
telephone 电话
typewriter 打字机
note—pad 便条簿
transformer 变压器
voltage 电压
lamp 灯
fluorescent lamp 日光灯
standard lamp 落地灯
pendant，suspended lamp 吊灯
oil painting 油画
Chinese painting 国画
ash—tray 烟灰缸
vase 花瓶
flower—stool 花盆架
wastebasket 字纸篓
drawing—room 客厅，休息室
sitting—room 起居室
study 书房
bedroom 卧室
wall—plate 壁上挂盘

附录二　星级评定标准中与客房相关的内容

《旅游饭店星级的划分与评定》(GB/T14308—2003) 摘录

6. 星级的划分条件

6.1　一星级

6.1.8　客　房

a. 至少有15间（套）可供出租的客房。

b. 门锁为暗锁，有防盗装置，显著位置张贴应急疏散图及相关说明。

c. 装修良好，有软垫床、桌、椅、床头柜等配套家具。

d. 至少75%的客房有卫生间，装有抽水恭桶、面盆、沐浴或浴缸（配有浴帘）。客房中没有卫生间的楼层设有男女分设、间隔式公共卫生间以及专供客人使用的男女分设、间隔式公共浴室，配有浴帘。采取有效的防滑措施，24h供应冷水，16h供应热水。

e. 照明充足，有遮光窗帘。

f. 备有饭店服务指南、价目表、住宿规章。

g. 客房、卫生间每天全面整理一次，隔日或应客人要求更换床单、被单及枕套，做到每客必换。

h. 16h提供冷热饮用水。

6.2　二星级

6.2.8　客房

a. 至少有20间（套）可供出租的客房。

b. 门锁为暗锁，有防盗装置，显著位置张贴应急疏散图及相关说明。

c. 装修良好，有软垫床、桌、椅、床头柜等配套家具。照明良好。

d. 至少75%的客房有卫生间，装有抽水恭桶、面盆、沐浴或浴缸（配有浴帘）。客房中设有卫生间的楼层设有男女分设、间隔式公共卫生间以及专供客人使用的男女分设、间隔式公共浴室，配有浴帘。采取有效的防滑措施，24h供应冷水，16h供应热水。

e. 照明充足，有遮光窗帘。

f. 有方便使用的电话机，可以拨通或使用预付费电信卡拨打国际、国内长途电话，并备有使用说明。

g. 有彩色电视机；画面音质清晰。

h. 具备防噪音及隔音措施。

i. 备有饭店服务指南、价目表、住宿须知。

j. 设有至少两种规格的电源插座。

k. 客房、卫生间每天全面整理一次，每日或应客人要求更换床单、被单及枕套。

l. 提供洗衣服务。

m. 24h 提供冷热饮用水。

6.3　三星级

6.3.10　客房

a. 至少有 30 间（套）可供出租的客房。

b. 有门窥镜和防盗装置，在显著位置张贴应急疏散图及相关说明。

c. 装修良好、美观，有软垫床、梳妆台或写字台、衣橱及衣架、坐椅或简易沙发、床头柜、床头灯及行李架等配套家具。室内铺满地毯、木地板或其他较高档材料。室内采用区域照明且目的物照明度良好。

d. 有卫生间，装有抽水恭桶、梳妆台（配备面盆、梳妆镜和必要的盥洗用品)、浴缸或淋浴间。浴缸配有浴帘、淋浴喷头（另有单独淋浴间的可以不带淋浴喷头)。采取有效的防滑措施。采用较高级建筑材料装修地面、墙面和天花，色调柔和，目的物照明度良好。有良好的排风系统或排风器，温湿度与客房适宜。有 110V/220V 不间断电源插座。24h 供应冷、热水。

e. 有方便使用的电话机，可以直接拨通或使用预付费电信卡拨打国际、国内长途电话，并配有使用说明。

f. 可以提供国际互联网接入服务，并有使用说明。

g. 有彩色电视机。播放频道不少于 16 个，画面和音质清晰，备有频道指示说明和节目单。播放内容应符合中国政府规定。

h. 具备有效的防噪音及隔音措施。

i. 有至少两种规格的电源插座，并提供插座转换器。

j. 有遮光窗帘。

k. 有单人间。

l. 有套房。

m. 有与本星级相适应的文具用品。有服务指南、价目表、住宿须知、所在地旅游景点介绍和旅游交通图。应客人要求提供相应报刊。

n. 客房、卫生间每天全面整理 1 次，每日或应客人要求更换床单、被单及枕套，客用品和消耗品补充齐全。

o. 提供开夜床服务，放置晚安致意卡。

p. 床上用棉织品（床单、枕芯、枕套、棉被及被单等）及卫生间针织用品（浴衣、浴巾、毛巾等）材质良好、工艺讲究、柔软舒适。

q. 24 小时提供冷热饮用水，免费提供茶叶或咖啡。

r. 70％客房有小冰箱，提供适量酒和饮料，备有饮用器具和价目单。

s. 客人在房间会客，可应要求提供加椅和茶水服务。

t. 提供留言和叫醒服务；

u. 提供衣装湿洗、干洗和熨烫服务。

v. 有送餐菜单和饮料单，18 小时提供早餐或便餐送餐服务，有可挂置门外的送餐牌。

w. 提供擦鞋服务。

6.4　四星级

6.4.12　客房

a. 至少有 40 间（套）可供出租的客房。

b. 70％客房的面积（不含卫生间）不小于 20 平方米。

c. 装修豪华，有高档软垫床、写字台、衣橱及衣架、茶几、坐椅或沙发、床头柜、床头灯、台灯、落地灯、全身镜、行李架等高级配套家具。室内满铺高级地毯，或优质木地板或其他高档地面材料。采用区域照明且目的物照明度良好。

d. 客房门能自动闭合，有门窥镜、门铃及防盗装置。显著位置张贴应急疏散图及相关说明。

e. 有卫生间，装有高级抽水恭桶、梳妆台（配备面盆、梳妆镜和必要的盥洗用品）、浴缸并带淋浴喷头（有单独淋浴间的可以不带淋浴喷头），配有浴帘。水龙头冷热标志清晰。采取有效的防滑措施。采用高档建筑材料装修地面、墙面和天花，色调高雅柔和，采用分区照明且目的物照明度良好。有良好的低噪音排风系统，温湿度与客房适宜。有 110v/220v 不间断电源插座、电话副机。配有吹风机。24h 供应冷、热水。

f. 有方便使用的电话机，可以直接拨通或使用预付费电信卡拨打国际、国内长途电话，并备有电话使用说明和所在地主要电话指南。

g. 提供国际互联网接入服务，并有使用说明。

h. 有彩色电视机，播放频道不少于 16 个，画面和音质良好。备有频道指示说明和节目单；播放内容应符合中国政府规定。

i. 有客人可以调控且音质良好的音响装置。

j. 有防噪音及隔音措施，效果良好。

k. 有至少两种规格的电源插座，方便客人使用，并提供插座转换器。

l. 有内窗帘及外层遮光窗帘。

m. 有单人间。

n. 有套房。

o. 有至少3个开间的豪华套房。

p. 有与本星级相适应的文具用品。有内部服务指南、价目表、住宿须知、所在地旅游景点介绍和旅游交通图、与住店客人相适应的报刊。

q. 客房、卫生间每天全面整理1次，每日或应客人要求更换床单、被单及枕套，客用品和消耗品补充齐全，并应客人要求随时进房清扫整理，补充客用品和消耗品。

r. 床上用棉织品（床单、枕芯、枕套、棉被及被衬等）及卫生间针织用品（浴巾、浴衣、毛巾等）材质良好、工艺讲究、柔软舒适。

s. 提供开夜床服务，放置晚安致意品。

t. 24小时提供冷热饮用水及冰块，并免费提供茶叶或咖啡。

u. 客房内设微型酒吧（包括小冰箱），提供适量酒和饮料，备有饮用器具和价目单。

v. 提供留言及叫醒服务。

w. 客人在房间会客，可应要求提供加椅和茶水服务。

x. 提供衣装干洗、湿洗、熨烫及缝补服务，可在24小时内交还客人。16小时提供加急服务。

y. 有送餐菜单和饮料单，24小时提供送餐服务。送餐菜式品种不少于8种，饮料品种不少于4种，甜食品种不少于4种，有可挂置门外的送餐牌。

z. 提供擦鞋服务。

6.5　五星级

6.5.1　2客房

a. 至少有4间（套）可供出租的客房。

b. 70％客房的面积（不含卫生间和走廊）不小于20平方米。

c. 装修豪华，具有文化氛围，有舒适的床垫、写字台、衣橱及衣架、茶几、坐椅或沙发、床头柜、床头灯、台灯、落地灯、全身镜、行李架等高级配套家具。室内满铺高级地毯，或用优质木地板或其他高档材料装饰。采用区域照明且目的物照明度良好。

d. 客房门能自动闭合，有门窥镜、门铃及防盗装置。显著位置张贴应急疏散图及相关说明。

e. 有面积宽敞的卫生间，装有高级抽水恭桶、梳妆台（配备面盆、梳妆镜和必要的盥洗用品）、浴缸并配有浴帘，附设淋浴喷头（另有单独淋浴间的可以不带淋浴喷头)。采取有效的防滑措施。采用豪华建筑材料装修地面、墙面和天花，色调高雅柔和，采用分区照明且目的物照明度良好。有良好的低噪音排风系统，温湿度与客房适宜。有 110v/220v 不间断电源插座、电话副机。配有吹风机。24h 供应冷、热水。

f. 有方便使用的电话机，可以直接拨通或使用预付费电信卡拨打国际、国内长途电话，并备有电话使用说明和所在地主要电话指南。

g. 提供互联网接入服务，并备有使用说明。

h. 有彩色电视机，播放频道不少于 16 个，画面和音质优良。备有频道指示说明和节目单。播放内容应符合中国政府规定。

i. 有可由客人调控且音质良好的音响装置。

j. 有效的防噪音及隔音措施，效果良好。

k. 有至少两种规格的电源插座，方便客人使用，并提供插座转换器。

l. 有沙帘及遮光窗帘。

m. 有单人间。

n. 有套房。

o. 有至少 4 个开间的豪华套房。

p. 有与本星级相适应的文具用品。有内部服务指南、价目表、住宿须知、所在地旅游景区（点）介绍和旅游交通图、与住店客人相适应的报刊。

q. 客房、卫生间每天全面清理 1 次，每日或应客人要求更换床单、被单及枕套。客用品和消耗品补充齐全，并应客人要求随时进房清理，补充客用品和消耗品。

r. 床上用棉织品（床单、枕芯、枕套、棉被及被衬等）及卫生间针织用品（浴巾、浴衣、毛巾等）材质良好、工艺讲究、柔软舒适。

s. 提供开夜床服务，放置晚安致意品。

t. 24 小时提供冷热饮用水及冰块，并免费提供茶叶或咖啡。

u. 客房内设微型酒吧（包括小冰箱），提供适量酒和饮料，备有饮用器具和价目单。

v. 客人在房间会客，可应要求提供加椅和茶水服务。

w. 提供叫醒、留言及语音信箱服务。

x. 提供衣装干洗、湿洗、熨烫及修补服务，可在 24 小时内交还客人。18 小时提供加急服务。

y. 有送餐菜单和饮料单，24 小时提供中西式早餐、正餐送餐服务。送餐菜式品种不少于 8 种，饮料品种不少于 4 种，甜食品种不少于 4 种，有可挂置门外的送餐牌。

z. 提供擦鞋服务。

6.6 白金五星级

6.6.1 具备两年以上五星级的全部条件。

6.6.2 地理位置处于城市中心商业区或繁华地带，交通极其便利。

6.6.3 建筑主题鲜明，外观造型独具一格，有助于所在地建立旅游目的地形象。

6.6.4 内部功能布局及装修装饰能与所在地历史，文化，自然环境相结合，恰到好处的表现和烘托其主题氛围。

6.6.5 除有富丽堂皇的门廊及入口外，饭店整体氛围极其豪华气派。

6.6.6 各类设施设备配置齐全，品质一流；有饭店各区域湿温度自动控制系统。

6.6.7 有位置合理，功能齐全，高尚华丽的行政楼层专用服务区，至少对行政楼层提供24小时管家式服务；

6.6.8 以下必备项目中至少具备5项：

a. 普通客房面积不小于36平方米；

b. 有布局合理，装饰豪华，格调高雅，符合国际标准的高级西餐厅，可提供正规的西式正餐和宴会。

c. 有位置合理，装饰高雅，气氛浓郁的独立封闭式酒吧；

d. 有净高度不小于5米，至少容纳50人的宴会厅。

e. 国际认知度极高，平均每间可供出租客房收入连续三年居于所在地五星级饭店前列。

f. 有规模壮观、构思独特、布局科学、装潢典雅、出类拔萃的专项配套设施。

6.6.9 在选择项目中至少具备37项

6.7 选择项目（共74项）

6.7.1 综合类别（21项）

……

h. 有残疾人客房。

i. 客用电梯轿厢内两侧均有按键。

j. 不少于5%的客房配备客用保险箱。

k. 不少于70%的客房内配有静音、节能、环保型冰箱。

l. 为客房内床上用品及卫生间一次性客用品、客用布草的再次使用设有征询客人意见牌。

m. 客房内配有逃生用充电手电。

n. 客房卫生间有大包装、循环使用的洗发液、淋浴液方便容器。

p. 不少于5%的客房卫生间淋浴与浴缸分设。

q. 不少于5%的客房卫生间干湿区分开（或有独立的化妆间）。

r. 客房卫生间有饮水系统。

s. 设有无烟楼层。

6.7.2　特色类别一（20项）

……

n. 所有客房内配有电熨裤机。

o. 所有客房附设写字台电话。

p. 套房数量占客房总数的10%以上。

q. 所有套房供主人和来访客人使用的卫生间分设。

r. 有5个以上开间的豪华套房。

s. 设行政楼层，有本楼层客人专用服务区。

t. 行政楼层客房内配有可收发传真或上网的设备。

7.3　星级的评定规程

7.3.1　受理

接到饭店星级申请报告后，相应评定权限的旅游饭店星级评定机构应在核实申请材料的基础上，于14天内做出受理与否的答复。对申请四星级以上的饭店，其所在地旅游星级评定机构在逐级递交或转交申请材料时应提交推荐报告或转交报告。

7.3.2　检查

受理申请或接到推荐报告后，相应评定权限的旅游饭店星级评定机构应在一个月内以明察和暗访的方式安排评定检查。检查合格与否，检查员均应提交检查报告。对检查未予通过的饭店，相应星级评定机构应加强指导，待接到饭店整改完成并要求重新检查的报告后，于一个月内再次安排评定检查。对申请四星级以上的饭店，检查分为初检和终检：

a）初检由相应评定权限的旅游饭店星级评定机构组织，委派检查员以暗访或明察的形式实施检查，并将检查结果及整改意见记录在案，供终检时对照使用；初检合格，方可安排终检。

b）终检由相应评定权限的旅游饭店星级评定机构组织，委派检查员对照初检结果及整改意见进行全面检查；终检合格方可提交评审。

7.3.3　评审

接到检查报告后一个月内，旅游饭店星级评定机构应给局检查员意见对申请星级的饭店进行评审，评审的主要内容有：审定申请资格，核实申请内容，认定本标准的达标情况，查验违规及事故、投诉的处理情况等。

7.3.4　批复

对于评审通过的饭店，旅游饭店星级评定机构应给予评定星级的批复，并授予相应星级的标志和证书。对于经评审认定达不到标准的饭店，旅游饭店星级评定机构不予批复。

7.4　星级的评定办法

7.4.1　星级的评定按照本标准及附录A、附录B和附录C中给出的最低得分和得分率执行，服务与管理制度评价表参见附录D。

7.4.2　星级评定和复核的检查工作由星级标准检查员承担。

7.5　星级的评定原则

7.5.1　饭店所取得的星级表明该饭店所有建筑物、设施设备及服务项目均处于同一水准。如果饭店由若干座不同建筑水平或设施设备标准的建筑物组成，旅游饭店星级评定机构应按每座建筑物的实际标准评定星级，评定星级后，不同星级的建筑物不能继续使用相同的饭店名称。否则旅游饭店星级评定机构应不予批复或收回星级标志和证书。

7.5.2　饭店取得星级后，因改造发生建筑规格、设施设备和服务项目的变化，关闭或取消原由设施设备、服务功能或项目，导致达不到原星级标准的，应向原旅游饭店星级评定机构申报，接受复核或重新评定。否则，原旅游饭店星级评定机构应收回该饭店的星级证书和标志。

7.5.3　某些特色突出或极其个性化的饭店，若其自身条件与本标准规定的条件有所区别，可以直接向全国旅游饭店星级评定机构申请星级。全国旅游饭店星级评定机构应在接到申请后一个月内安排评定检查，根据检查和评审结果给予评定星级的批复，并授予相应星级的证书和标志。

附录三　绿色饭店标准

前　言

随着全球生态环境的日益恶化，保护环境、倡导绿色消费日益受到人们的关注。国务院制定的可持续发展战略以及国家经贸委近期推出的“三绿工程”都对我国饭店行业的可持续发展和环境管理工作提出了要求。同时，由于我国加入了WTO和北京申奥成功后，国际交流日益频繁，绿色消费已逐渐成为今后消费的主流。

为适应这种形势和要求，规范和强化饭店行业的环境行为，引导企业在经营中更多地考虑消费者的环保、安全、健康等需求因素，特制定本标准。

本标准的制定参照国际惯例，借鉴了国外实施绿色饭店的先进经验，并结合了我国饭店行业现阶段的经营状况和人们的消费水平，为企业创建绿色饭店、实施和加强环境管理工作提供切实可行的指导意见。

绿色饭店的创建、实施与保持将是一个持续的发展过程。由于环境保护技术的发展、对环保认识的不断深入以及饭店综合管理水平的提高和环境绩效的改善，本标准将根据实际情况不断修订和完善。

本标准由中国饭店协会提出、归口并负责解释及修订。

本标准起草单位：中国饭店协会、全国质量管理和质量保证标准化技术委员会。

本标准主要起草人：韩明、李仁良、陈新华、陈勇、周和华、平安稳、张军

绿色饭店管理规定

1　总则

1.1　目的

本标准为申请“绿色饭店”评审的酒店、宾馆、度假村以及餐馆、酒家、饭庄等企业规定了应达到的要求。

1.1.1　证实其有能力稳定提供满足顾客和适用法规要求的绿色饭店服务内容。

1.1.2　通过持续的改进提高顾客的消费满意程度和环境保护功能。

1.2　适用范围

本标准适用于中华人民共和国境内的酒店、宾馆、度假村以及餐馆、酒家、饭庄等企业。

2　引用标准

下列标准所包含的条文，通过在本标准中引用而构成为本标准的条文。本标准出版时，新示版本均为有效，所有标准都会被修订，使用本标准的各方应探讨使用下列标准最新版本的可能性。

GB/T 19001—2000 质量管理体系要求（ISO9001：2000）

GB/T 24001—1996 环境管理体系要求（ISO14001：1996）

3　定义

本标准采用下列定义

3.1　绿色饭店：运用环保、健康、安全理念，倡导绿色消费，保护生态

和合理使用资源的饭店，其核心是为顾客提供舒适、安全、有利于人体健康要求的绿色客房和绿色餐饮，并且在生产经营过程中加强对环境的保护和资源的合理利用。

3.2 绿色消费：指人们在购买商品和消费时，关注商品在生产、使用和废弃后对环境的影响问题，并在消费过程中关注环境保护的问题。

3.3 绿色食品：指遵循可持续发展原则，按照规定的要求进行生产，经专业机构认定、许可使用绿色食品标志的无污染、安全、优质、营养的食品。

4 等级划分及标志

绿色饭店分为五个等级，根据企业在提供绿色服务，保护环境等方面做出不同程度的努力，分为A级、AA级、AAA级、AAAA级、AAAAA级共五个等级。AAAAA级为最高级。

A级：表示饭店符合国家环保、卫生、安全等方面法律法规，并已开始实施一些改进环境的措施，在关键的环境原则方面已作了时间上的承诺。

AA级：表示饭店在为消费者提供绿色服务，减少企业运营对环境的影响方面已做出了一定的努力，并取得了初步的成效。

AAA级：表示饭店通过持续不断地实践，在生态效益成果方面取得了卓有成效的进步，在本地区饭店行业处于领先地位。

AAAA级：表示饭店的服务与设施在提高生态效益的实践中，获得了社会的高度认可，并不断提出新的创举，处于国内饭店行业领先地位。

AAAAA级：表示饭店的生态效益在世界饭店业处于领先地位，其不断改进的各项举措，为国内外酒店采纳和效仿。

5 等级划分的依据和评定方法

5.1 等级划分的依据是绿色饭店标准。

5.2 评定方法

5.2.1 企业自愿向中国饭店协会及其委派机构报名，并组织相关人员参加培训。

5.2.2 企业参照绿色饭店标准及细则，开展实施活动。根据企业的需要，全国绿色饭店评定机构将派专家进行具体指导。

5.2.3 企业根据实施结果，填写有关评估材料报全国绿色饭店评定机构。

5.2.4 全国绿色评定机构对材料进行书面审核后，委派审核组对现场进行检查评审，出具评审报告并确定等级。

5.2.5 一个企业评定一个等级，如果企业由若干分店组成，应按各店的实际情况分别评定等级。如果是连锁店，可以统一申报，一次评定。

6 等级评定和管理原则

6.1　绿色饭店的评定采取企业自愿申请，评定为绿色饭店的企业实行强制管理制度。

6.2　经评定的绿色饭店授予相应等级的绿色饭店标志牌，对本企业生产的餐饮食品经专家委员会认定准许使用“绿色美食”标志并颁发证书。

6.3　绿色饭店标志牌由全国绿色饭店评定机构统一制作、颁发，任何单位或个人未经授权或认可，不得擅用。

6.4　经评定的绿色饭店，由全国绿色饭店评定机构每两年进行一次年度监督，四年进行一次复评。在此期间，应企业的申请，可安排进行晋级评定。同时，中国饭店协会还将作不定期暗访，在监督、暗访、复评人员出示审核员证及绿色饭店评定机构委托书后，饭店应积极配合开展相关工作 。标志的有效期为四年（自颁发证书之日起计算）。

6.5　企业在使用标志期间，一经发现与标准不符或发生给消费者带来直接的、间接的利益损害的其他行为，将根据情节严重给予警告、降级、摘牌等处理。

7　审核员

7.1　绿色饭店的等级评定工作实行审核员制度。审核员必须经专业培训与考核，合格者颁发审核员资格证书。

7.2　绿色饭店审核员资格分为初级、中级、高级三级实行注册制度。注册初级审核员有资格实施绿色饭店的企业内部审核，注册中级审核员有资格实施绿色饭店的外部审核，注册高级审核员有资格担任绿色饭店外部审核组组长。

7.3　审核员在四年内要定期接受再培训及验证，以确定其注册资格。

7.4　审核员按规定的审核程序进行审核，应严格执行有关纪律。

7.5　审核员只能在接受执行全国绿色饭店评定机构委派书后方能行使审核职责。

绿色饭店标准

A1　前提条件

A1.1　严格遵守国家有关环保、节能、卫生、防疫、食品、消防、规划等法律法规，各项证照齐全合格。

A1.2　饭店最高管理者必须任命专人（绿色代表）负责本企业的创建绿色饭店任务，饭店有绿色工作计划，明确环境目标和行动措施，健全有关公共安全、食品安全、节能降耗、环保的规章制度，并且不断更新和发展，饭店管理者定期检查目标的实现情况及规章制度的执行情况。

A1.3　饭店有关公共安全、食品安全、环境保护的培训计划，全员参与，提高员工安全和环保意识；分管创建绿色饭店工作的负责人必须参加有关安全、环境问题的培训和教育。

A1.4　客人活动区域以告示、宣传牌等形式鼓励并引导顾客进行绿色消费，使顾客关心绿色行动。饭店被授予“绿色饭店”后，必须把牌匾置于醒目处。

A1.5　有建立绿色饭店的相关文件档案。

A2　节约用水

A2.1　积极引入新型节水设备，采取多种节水措施，加强水资源的回收利用。

A2.2　饭店用水总量每月至少登记一次，厕所水箱每次冲水量、水龙头每分钟水的流量、浴池水龙头的水流量、小便池的用水量、洗碗机的用水量等有明确的标准并执行。

A2.3　饭店的水消耗主要来源客房、厨房清洁和餐具清洗。各主要部门要有用水的定额标准和责任制。

A2.4　饭店用水消耗每月至少监测一次，建立水计量系统，并对用水状况进行记录、分析。

A2.5　严格禁止水龙头漏水。

A3　能源管理

A3.1　饭店要有能源管理体系报告，每年至少做一次电平衡监测，各主要部门有电、煤（油）能耗定额和责任制。

A3.2　通风、制冷和供暖设备应强化日常维护及清洁管理，并配有监控系统，对冷柜、窗户的密封情况每年都要检查，并写出检查报告。

A3.3　健全饭店的能源使用计量系统。

A3.4　积极采用节能新技术，有条件的企业应使用可再利用的能源（太阳能供热装置、地热等）系统。

A4　环境保护

A4.1　饭店污水排污、锅炉烟尘排放、废热气排放、厨房大气污染物排放、噪音控制达到国家有关标准。

A4.2　洗浴与洗涤用品不能含磷，使用和用量正确，对于环境的影响降到最低。

A4.3　冰箱、空调、冷水机组等积极采用环保型设备用品。

A4.4　室内绿化与环境相协调，无装饰装修污染，空气质量符合国家标准。

A4.5 室外可绿化地的绿化覆盖率达到100%。

A5 垃圾管理

A5.1 饭店要通过垃圾分类、回收利用和减少垃圾数量等方式进行控制和管理。

A5.2 饭店建立垃圾分类收集设备以便回收利用，员工能将垃圾按照细化的标准分类。

A5.3 对顾客做好分类处理垃圾的宣传。

A5.4 对废电池等危险废弃物有专用存放点。

A6 绿色客房

A6.1 有无烟客房楼层（无烟小楼）。

A6.2 房间的牙刷、梳子、小香皂、拖鞋等一次性客用品和毛巾、枕套、床单、浴衣等客用棉织品，按顾客意愿更换，减少洗涤次数。

A6.3 改变（使用可降解的材料）、简化或取消客房内生活、卫浴用品用的包装。

A6.4 放置对人体有益的绿色植物。

A6.5 供应洁净的饮用水。

A6.6 客房采光充足，有良好的新风系统，封闭状态下室内无异味、无噪音，各项污染物及有害气体检测均符合国家标准.

A7 绿色餐饮

A7.1 餐厅有无烟区，设有无烟标志。

A7.2 餐厅内有良好的通风系统，无油烟味。

A7.3 保证出售检疫合格的肉食品，严格蔬菜、果品等原材料的进货渠道，确保食品安全。在大厅显著位置设置外购原料告示牌，标明主要原料的品名、供应商、电话、质检状态、进货时间、保质期、原产地等内容。

A7.4 积极采用绿色食品、有机食品和无害蔬菜。

A7.5 不出售国家禁止销售的野生保护动物。

A7.6 制订绿色服务规范，倡导绿色消费，提供剩余食品打包服务、存酒等服务。

A7.7 不使用一次性发泡塑料餐具、一次性木制筷子，积极减少使用一次性毛巾。

A7.8 餐厅内有男女分用卫生间，洁净无异味，卫生间面积及厕位与餐厅面积成恰当比例，卫生间各项用品齐全并符合环保要求。

A8 绿色管理

A8.1 饭店应建立有效的环境管理体系。

A8.2　饭店应建立积极有效的公共安全和食品安全的预防、管理体系。

A8.3　饭店应建立采购人员和供应商监控体系，尽量选用绿色食品和环保产品。

A8.4　饭店积极采用绿色设计。

A8.5　饭店的绿色行动受到社会的积极赞同，顾客对饭店的综合满意率达到80%以上。

参考文献

1. 叶秀霜，董颖蓉．客房服务与管理．北京：旅游教育出版社，2007

2. 朱承强，叶秀霜，王培来．饭店客房管理．北京：旅游教育出版社，2004

3. 曾小力，徐明．饭店管理基础知识．广州：中山大学出版社，1997

4. 徐明．客房实务．北京：电子工业出版社，2008

5. 刘伟．现代饭店客房部服务与管理．广州：广东旅游出版社，2000

6. 钟健夫，丁河月．传奇五星之道．广州：花城出版社，2004

7. 邓泽民，陈庆合．职业教育课程设计．北京：中国铁道出版社，2006

8. 董家彪，黎家龙．职业成功金钥匙——大中专学生职业指导．重庆：重庆出版集团重庆出版社，2007

9. 黄惠伯．饭店安全管理．长沙：湖南科学技术出版社，2001

10. 宋俊华，曲秀丽．客户服务与管理．北京：中国铁道出版社，2009